Paris
1864

Dumas, Alexandre

Histoire d'un casse-noisette

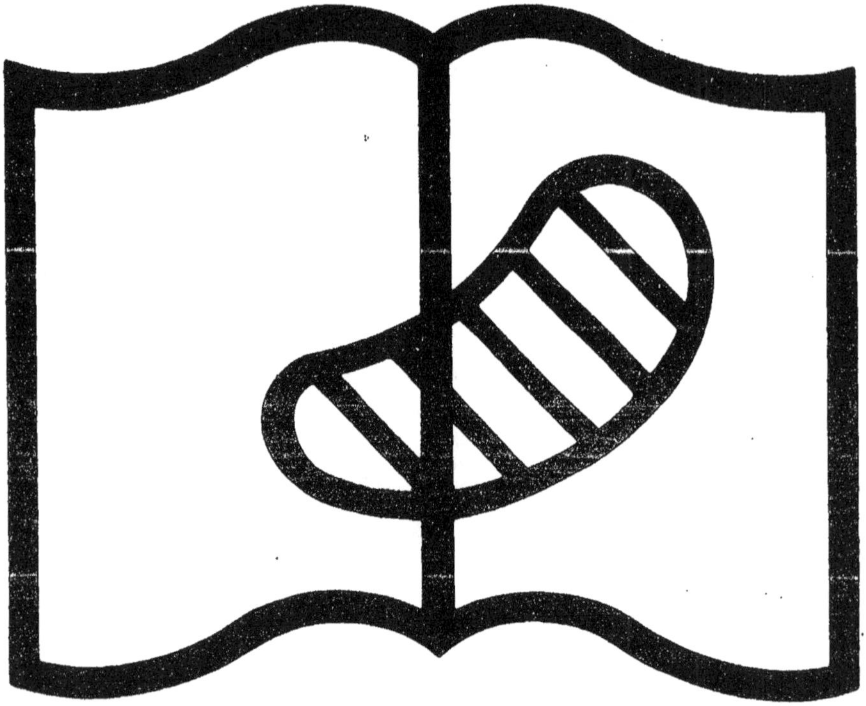

Symbole applicable
pour tout, ou partie
des documents microfilmés

Original illisible

NF Z 43-120-10

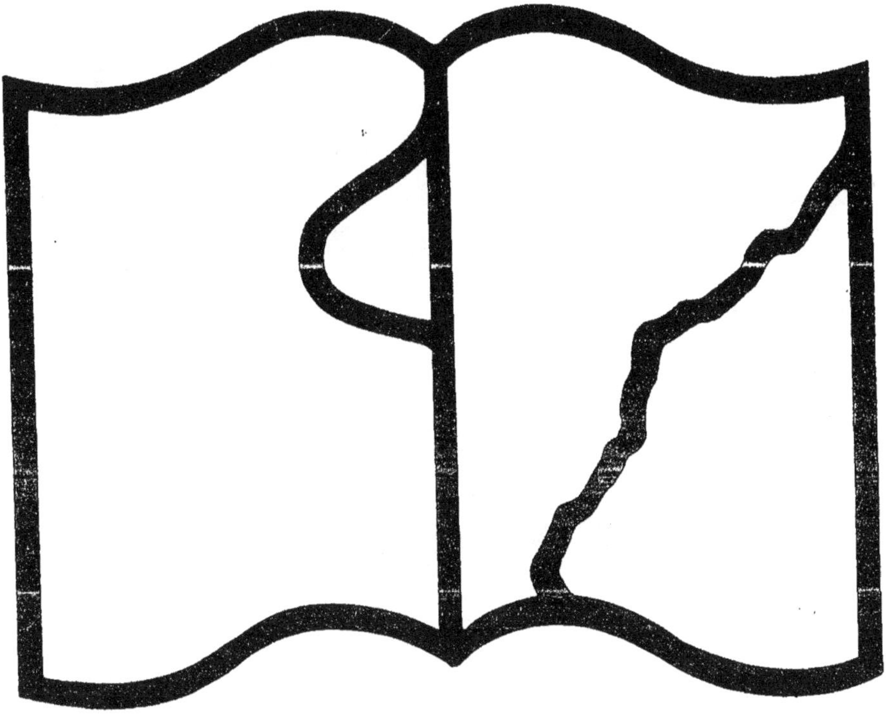

Symbole applicable
pour tout, ou partie
des documents microfilmés

Texte détérioré — reliure défectueuse

NF Z 43-120-11

HISTOIRE

D'UN

CASSE-NOISETTE

PAR

ALEXANDRE DUMAS

PRÉFACE

Où il est expliqué comment l'auteur fut contraint de raconter l'histoire du Casse-Noisette de Nuremberg.

Il y avait une grande soirée d'enfants chez mon ami le comte de M...., et j'avais contribué, pour ma part, à grossir la bruyante et joyeuse réunion en y conduisant ma fille.

Il est vrai qu'au bout d'une demi-heure, pendant laquelle j'avais paternellement assisté à quatre ou cinq parties successives de colin-maillard, de main chaude et de toilette de madame, la tête tant soit peu brisée du sabbat que faisaient une vingtaine de charmants petits démons de huit à dix ans, lesquels criaient à qui mieux mieux, je m'esquivais du salon et me mettais à la recherche de certain boudoir de ma connaissance, bien sourd et bien retiré, dans lequel je comptais reprendre tout doucement le fil de mes idées interrompues.

J'avais opéré ma retraite avec autant d'adresse que de bonheur, me soustrayant non-seulement aux regards des jeunes invités, ce qui n'était pas bien difficile, vu la grande attention qu'ils donnaient à leurs jeux, mais encore à ceux des parents, ce qui était une bien autre affaire. J'avais atteint le boudoir tant désiré, lorsque je m'aperçus, en y entrant, qu'il était momentanément transformé en réfectoire, et que des buffets gigantesques y étaient dressés tout chargés de pâtisseries et de rafraîchissements. Or, comme ces préparatifs gastronomiques m'étaient une nouvelle garantie que je ne serais pas dérangé avant l'heure du souper, puisque le susdit boudoir était réservé à la collation, j'avisai un énorme fauteuil à la Voltaire, une véritable bergère Louis XV à dossier rembourré et à bras arrondis, une paresseuse, comme on dit en Italie, ce pays des véritables paresseux, et je m'y accommodai voluptueusement, tout ravi à cette idée que j'allais passer une heure seul en tête-à-tête avec mes pensées, chose si précieuse au milieu de ce tourbillon dans lequel, nous autres vassaux du public, nous sommes incessamment entraînés.

Aussi, soit fatigue, soit manque d'habitude, soit résultat d'un bien-être si rare, au bout de dix minutes de méditation, j'étais profondément endormi.

Je ne sais depuis combien de temps j'avais perdu le sentiment de ce qui se passait autour de moi, lorsque tout à coup je fus tiré de mon sommeil par de bruyants éclats de rire. J'ouvris de grands yeux hagards qui ne virent au-dessus d'eux qu'un charmant plafond de Boucher, tout semé d'Amours et de colombes, et j'essayai de me lever; mais l'effort fut infructueux, j'étais attaché à mon fauteuil avec non moins de solidité que l'était Gulliver sur le rivage de Lilliput.

Je compris à l'instant même le désavantage de ma position; j'avais été surpris sur le territoire ennemi, et j'étais prisonnier de guerre.

Ce qu'il y avait de mieux à faire dans ma situation, c'était d'en prendre bravement mon parti et de traiter à l'amiable de ma liberté.

Ma première proposition fut de conduire le lendemain mes vainqueurs chez Félix, et de mettre toute sa boutique à leur disposition. Malheureusement le moment était mal choisi, je parlais à un auditoire qui m'écoutait la bouche bourrée de babas et les mains pleines de petit pâtés.

Ma proposition fut donc honteusement repoussée.

J'offris de réunir le lendemain toute l'honorable société dans un jardin au choix, et d'y tirer un feu d'artifice composé d'un nombre de soleils et de chandelles romaines qui serait fixé par les spectateurs eux-mêmes.

Cette offre eut assez de succès près des petits garçons; mais les petites filles s'y opposèrent formellement, déclarant qu'elles avaient horriblement peur des feux d'artifice, que leurs nerfs ne pouvaient supporter le bruit des pétards, et que l'odeur de la poudre les incommodait.

J'allais ouvrir un troisième avis, lorsque j'entendis une petite voix flûtée qui glissait tout bas à l'oreille de ses compagnes ces mots qui me firent frémir :

— Dites à papa, qui fait des histoires, de nous raconter un joli conte.

Je voulus protester; mais à l'instant même ma voix fut couverte par ces cris :

— Ah! oui, un conte, un joli conte ; nous voulons un conte.

— Mais, mes enfants, criai-je de toutes mes forces, vous me demandez la chose la plus difficile qu'il y ait au monde : un conte! comme vous y allez. Demandez-moi l'*Iliade*, demandez-moi l'*Énéide*, demandez-moi la *Jérusalem délivrée*, et je passerai encore par là; mais un conte! Peste! Perrault est un bien autre homme qu'Homère, que Virgile et que le Tasse, et le *Petit Poucet* une création bien autrement originale qu'Achille, Turnus ou Renaud.

— Nous ne voulons point de poëme épique, crièrent les enfants tout d'une voix, nous voulons un conte!

— Mes chers enfants, si...

— Il n'y a pas de si; nous voulons un conte!

— Mais, mes petits amis...

— Il n'y a pas de mais; nous voulons un conte! nous voulons un conte! nous voulons un conte! reprirent en chœur toutes les voix, avec un accent qui n'admettait pas de réplique.

— Eh bien, donc, repris-je en soupirant, va pour un conte.

— Ah! c'est bien heureux! dirent mes persécuteurs.

— Mais je vous préviens d'une chose, c'est que le conte que je vais vous raconter n'est pas de moi.

— Qu'est-ce que cela nous fait, pourvu qu'il nous amuse?

J'avoue que je fus un peu humilié du peu d'insistance que mettait mon auditoire à avoir une œuvre originale.

— Et de qui est-il, votre conte, Monsieur! dit une petite voix appartenant sans doute à une organisation plus curieuse que les autres.

— Il est d'Hoffmann, Mademoiselle. Connaissez-vous Hoffmann?

— Non, Monsieur, je ne le connais pas.

— Et comment s'appelle-t-il, ton conte? demanda, du ton d'un gaillard qui sent qu'il a le droit d'interroger, le fils du maître de la maison.

— *Le Casse-Noisette de Nuremberg*, répondis-je en toute humilité. Le titre vous convient-il, mon cher Henri?

— Hum! ça ne promet pas grand'chose de beau, ce titre-là. Mais, n'importe, va toujours; si tu nous ennuies, nous t'arrêterons et tu nous en diras un autre, et ainsi de suite, je t'en préviens, jusqu'à ce que tu nous en dises un qui nous amuse.

— Un instant, un instant; je ne prends pas cet engagement-là. Si vous étiez de grandes personnes, à la bonne heure.

— Voilà pourtant nos conditions, sinon, prisonnier à perpétuité.

— Mon cher Henri, vous êtes un enfant charmant, élevé à ravir, et cela m'étonnera fort si vous ne devenez pas un jour un homme d'État très-distingué; déliez-moi, et je ferai tout ce que vous voudrez.

— Parole d'honneur?

— Parole d'honneur.

Au même instant, je sentis les mille fils qui me retenaient se détendre; chacun avait mis la main à l'œuvre de ma délivrance, et, au bout d'une demi-minute, j'étais rendu à liberté.

Or, comme il faut tenir sa parole, même quand elle est donnée à des enfants, j'invitai mes auditeurs à s'asseoir commodément, afin qu'ils pussent passer sans douleur de l'audition au sommeil, et, quand chacun eut pris sa place, je commençai ainsi :

LE PARRAIN DROSSELMAYER

Il y avait une fois, dans la ville de Nuremberg, un président fort considéré qu'on appelait M. le président Silberhaus, ce qui veut dire *maison d'argent*.

Ce président avait un fils et une fille.

Le fils, âgé de neuf ans, s'appelait Fritz.

La fille, âgée de sept ans et demi, s'appelait Marie.

C'étaient deux jolis enfants, mais si différents de caractère et de visage, qu'on n'eût jamais cru que c'étaient le frère et la sœur.

Fritz était un bon gros garçon, joufflu, rodomont, espiègle, frappant du pied à la moindre contrariété, convaincu que toutes les choses de ce monde étaient créées pour servir à son amusement ou subir son caprice, et demeurant dans cette conviction jusqu'au moment où le docteur, impatienté de ses cris et de ses pleurs, ou de ses trépignements, sortait de son cabinet, et, levant l'index de la main droite à la hauteur de son sourcil froncé, disait ces seules paroles :

— Monsieur Fritz!...

Alors Fritz se sentait pris d'une énorme envie de rentrer sous terre.

Quant à sa mère, il va sans dire qu'à quelque hauteur qu'elle levât le doigt ou même la main, Fritz n'y faisait aucune attention.

Sa sœur Marie, tout au contraire, était une frêle et pâle enfant, aux longs cheveux bouclés naturellement et tombant sur ses petites épaules blanches, comme une gerbe d'or mobile et rayonnante sur un vase d'albâtre. Elle était modeste, douce, affable, miséricordieuse à toutes les douleurs, même à celles de ses poupées; obéissante au premier signe de madame la présidente, et ne donnant jamais un démenti même à sa gouvernante, mademoiselle Trudchen; ce qui fait que Marie était adorée de tout le monde.

Or, le 24 décembre de l'année 17... était arrivé. Vous n'ignorez pas, mes petits amis, que le 24 décembre est la veille de la Noël, c'est-à-dire du jour où l'enfant Jésus est né dans une crèche, entre un âne et un bœuf. Maintenant, je vais vous expliquer une chose.

Les plus ignorants d'entre vous ont entendu dire que chaque pays a ses habitudes, n'est-ce pas? et les plus instruits savent sans doute déjà que Nuremberg est une ville d'Allemagne fort renommée pour ses joujoux, ses poupées et ses polichinelles, dont elle envoie de pleines caisses dans tous les autres pays du monde; ce qui fait que les enfants de Nuremberg doivent être les plus heureux enfants de la terre, à moins qu'ils ne soient comme les habitants d'Ostende, qui n'ont des huîtres que pour les regarder passer.

Donc, l'Allemagne, étant un autre pays que la France, a d'autres habitudes qu'elle. En France, le premier jour de l'an est le jour des étrennes, ce qui fait que beaucoup de gens désireraient fort que l'année commençât toujours par le 2 janvier. Mais, en Allemagne, le jour des étrennes est le 24 décembre, c'est-à-dire la veille de la Noël. Il y a plus, les étrennes se donnent, de l'autre côté du Rhin, d'une façon toute particulière : on plante dans le salon un grand arbre, on le place au milieu d'une table, et à toutes ses branches on suspend les joujoux que l'on veut donner aux enfants; ce qui ne peut pas tenir sur les branches, on le met sur la table; puis on dit aux enfants que c'est le bon petit Jésus qui leur envoie leur part des présents qu'il a reçus des trois rois mages, et, en cela, on ne leur fait qu'un demi-mensonge, car, vous le savez, c'est de Jésus que nous viennent tous les biens de ce monde.

Je n'ai pas besoin de vous dire que, parmi les enfants favorisés de Nuremberg, c'est-à-dire parmi ceux qui à la Noël recevaient le plus de joujoux de toutes façons, étaient les enfants du président Silberhaus; car, outre leur père et leur mère qui les adoraient, ils avaient encore un parrain qui les adorait aussi et qu'ils appelaient parrain Drosselmayer.

Il faut que je vous fasse en deux mots le portrait de cet illustre personnage, qui tenait dans la ville de Nuremberg une place presque aussi distinguée que celle du président Silberhaus.

Parrain Drosselmayer, conseiller de médecine, n'était pas un joli garçon le moins du monde, tant s'en faut. C'était un grand homme sec, de cinq pieds huit pouces, qui se tenait fort voûté, ce qui faisait que, malgré ses longues jambes, il pouvait ramasser son mouchoir, s'il tombait à terre, presque sans se baisser. Il avait le visage ridé comme une pomme de reinette sur laquelle a passé la gelée d'avril. A la place de son œil droit était un grand emplâtre noir; il était parfaitement chauve, inconvénient auquel il parait en portant une perruque gazonnante et frisée, qui était un fort ingénieux morceau de sa composition fait en verre filé; ce qui le forçait, par égard pour ce respectable couvre-chef, de porter sans cesse son chapeau sous le bras. Au reste, l'œil qui lui restait était vif et brillant, et semblait faire non-seulement sa besogne, mais celle de son camarade absent, tant il roulait rapidement autour d'une chambre dont parrain Drosselmayer désirait d'un seul regard embrasser tous les détails, ou s'arrêtait fixement sur les gens dont il voulait connaître les plus profondes pensées.

Or, le parrain Drosselmayer qui, ainsi que nous l'avons dit, était conseiller de médecine, au lieu de s'occuper, comme la plupart de ses confrères, à tuer correctement, et selon les règles, les gens vivants, n'était préoccupé que de rendre, au contraire, la vie aux choses mortes, c'est-à-dire qu'à force d'étudier le corps des hommes et des animaux, il était arrivé à connaître tous les ressorts de la machine, si bien qu'il fabriquait des hommes qui marchaient, qui saluaient, qui faisaient des armes; des dames qui dansaient, qui jouaient du clavecin, de la harpe et de la viole; des chiens qui couraient, qui rapportaient et qui aboyaient; des oiseaux qui volaient, qui sautaient et qui chantaient; des poissons qui nageaient et qui mangeaient. Enfin, il en était même venu à faire prononcer aux poupées et aux polichinelles quelques mots peu compliqués, il est vrai, comme papa, maman, dada; seulement, c'était d'une voix monotone et criarde qui attristait, parce qu'on sentait bien que tout cela était le résultat d'une combinaison automatique, et qu'une combinaison automatique n'est toujours, à tout prendre, qu'une parodie des chefs-d'œuvre du Seigneur.

Cependant, malgré toutes ces tentatives infructueuses, parrain Drosselmayer ne désespérait point et disait fermement qu'il arriverait un jour à faire de vrais hommes, de vraies femmes, de vrais chiens, de vrais oiseaux et de vrais poissons. Il va sans dire que ses deux filleuls, auxquels il avait promis ses premiers essais en ce genre, attendaient ce moment avec une grande impatience.

On doit comprendre qu'arrivé à ce degré de science en mécanique, parrain Drosselmayer était un homme précieux pour ses amis. Aussi une pendule tombait-elle malade dans la maison du président Silberhaus, et, malgré le soin des horlogers ordinaires, ses aiguilles venaient-elles à cesser de marquer l'heure; son tic-tac, à s'interrompre; son mouvement, à s'arrêter; on envoyait prévenir le parrain Drosselmayer, lequel arrivait aussitôt tout courant, car c'était un artiste ayant l'amour de son art, celui-là. Il se faisait conduire auprès de la morte qu'il ouvrait à l'instant même, enlevant le mouvement qu'il plaçait entre ses deux genoux; puis alors, la langue passant par un coin de ses lèvres, son œil unique brillant comme une escarboucle, sa perruque de verre posée à terre, il tirait de sa poche une foule de petits instruments sans nom, qu'il avait fabriqués lui-même et dont lui seul connaissait la propriété, choisissait les plus aigus, qu'il plongeait dans l'intérieur de la pendule, acuponcture qui faisait grand mal à la petite Marie, laquelle ne pouvait croire que la pauvre horloge ne souffrît pas de ces opérations, mais qui, au contraire, ressuscitait la gentille trépanée, qui, dès qu'elle était replacée dans son coffre, ou entre ses colonnes, ou sur son rocher, se mettait à vivre, à battre et à ronronner de plus belle; ce qui rendait aussitôt l'existence à l'appartement, qui semblait avoir perdu son âme en perdant sa joyeuse pensionnaire.

Il y a plus : sur la prière de la petite Marie, qui voyait avec peine le chien de la cuisine tourner la broche, occupation très-fatigante pour le pauvre animal, le parrain Drosselmayer avait consenti à descendre des hauteurs de sa science pour fabriquer un chien automate, lequel tournait maintenant la broche sans aucune douleur ni aucune convoitise, tandis que Turc, qui, au métier qu'il avait fait depuis trois ans, était devenu très-frileux, se chauffait en véritable rentier le museau et les pattes, sans avoir autre chose à faire que de regarder son successeur, qui, une fois remonté, en avait pour une heure à faire sa besogne gastronomique sans qu'on eût à s'occuper seulement de lui.

Aussi, après le président, après la présidente, après Fritz et après Marie, Turc était bien certainement l'être de la maison qui aimait et vénérait le plus le parrain Drosselmayer, auquel il faisait grande fête toutes les fois qu'il le voyait arriver, annonçant même quelquefois, par ses aboiements joyeux et par le frétillement de sa queue, que le conseiller de médecine était en route pour venir, avant même que le digne parrain eût touché le marteau de la porte.

Le soir donc de cette bienheureuse veille de Noël, au moment où le crépuscule commençait à descendre, Fritz et Marie, qui, de toute la journée, n'avaient pu entrer dans le grand salon d'apparat, se tenaient accroupis dans un petit coin de la salle à manger.

Tandis que mademoiselle Trudchen, leur gouvernante, tricotait près de la fenêtre, dont elle s'était approchée pour recueillir les derniers rayons du jour, les enfants étaient pris d'une espèce de terreur vague, parce que, selon l'habitude de ce jour solennel, on ne leur avait pas apporté de lumière; de sorte qu'ils parlaient bas comme on parle quand on a un petit peu peur.

— Mon frère, disait Marie, bien certainement papa et maman s'occupent de notre arbre de Noël; car, depuis le matin, j'entends un grand remue-ménage dans le salon, où il nous est défendu d'entrer.

— Et moi, dit Fritz, il y a dix minutes à peu près que j'ai reconnu, à la manière dont Turc aboyait, que le parrain Drosselmayer entrait dans la maison.

— O Dieu! s'écria Marie en frappant ses deux petites mains l'une contre l'autre, que va-t-il nous apporter, ce bon parrain? Je suis sûre, moi, que ce sera quelque beau jardin tout planté d'arbres, avec une belle rivière qui coulera sur un gazon brodé de fleurs. Sur cette rivière, il y aura des cygnes d'argent avec des colliers d'or, et une jeune fille qui leur apportera des massepains qu'ils viendront manger jusque dans son tablier.

— D'abord, dit Fritz, de ce ton doctoral qui lui était particulier, et que ses parents reprenaient en lui comme un de ses plus graves défauts, vous saurez, mademoiselle Marie, que les cygnes ne mangent pas de massepains.

— Je le croyais, dit Marie; mais, comme tu as un an et demi de plus que moi, tu dois en savoir plus que je n'en sais.

Fritz se rengorgea.

— Puis, reprit-il, je crois pouvoir dire que, si parrain Drosselmayer apporte quelque chose, ce sera une forteresse, avec des soldats pour la garder, des canons pour la défendre, et des ennemis pour l'attaquer; ce qui fera des combats superbes.

— Je n'aime pas les batailles, dit Marie. S'il apporte une forteresse, comme tu le dis, ce sera donc pour toi; seulement, je réclame les blessés pour en avoir soin.

— Quelque chose qu'il apporte, dit Fritz, tu sais bien que ce ne sera ni pour toi ni pour moi, attendu que, sous le prétexte que les cadeaux de parrain Drosselmayer sont de vrais chefs-d'œuvre, on nous les reprend aussitôt qu'il nous les a donnés, et qu'on les enferme tout au haut de la grande armoire vitrée où papa seul peut atteindre, et encore en montant sur une chaise, ce qui fait, continua Fritz, que j'aime autant et même mieux les joujoux que nous donnent papa et maman, et avec lesquels on nous laisse jouer au moins jusqu'à ce que nous les ayons mis en morceaux, que ceux que nous apporte le parrain Drosselmayer.

— Et moi aussi, répondit Marie; seulement, il ne faut pas répéter ce que tu viens de dire au parrain.

— Pourquoi?

— Parce que cela lui ferait de la peine que nous n'aimassions pas autant ses joujoux que ceux qui nous viennent de papa et de maman; il nous les donne, pensant nous faire grand plaisir, il faut donc lui laisser croire qu'il ne se trompe pas.

— Ah bah! dit Fritz.

— Mademoiselle Marie a raison, monsieur Fritz, dit mademoiselle Trudchen, qui, d'ordinaire, était fort silencieuse et ne prenait la parole que dans les grandes circonstances.

— Voyons, dit vivement Marie pour empêcher Fritz de répondre quelque impertinence à la pauvre gouvernante, voyons, devinons ce que nous donneront nos parents. Moi, j'ai confié à maman, mais à la condition qu'elle ne la gronderait pas, que mademoiselle Rose, ma poupée, devenait de plus en plus maladroite, malgré les sermons que je lui fais sans cesse, et n'est occupée qu'à se laisser tomber sur le nez, accident qui ne s'accomplit jamais sans laisser des traces très-désagréables sur son visage; de sorte qu'il n'y a plus à penser à la conduire dans le monde, tant sa figure jure maintenant avec ses robes.

— Moi, dit Fritz, je n'ai pas laissé ignorer à papa qu'un vigoureux cheval alezan ferait très-bien dans mon écurie; de même que je l'ai prié d'observer qu'il n'y a pas d'armée bien organisée sans cavalerie légère, et qu'il manque un escadron de hussards pour compléter la division que je commande.

A ces mots, mademoiselle Trudchen jugea que le moment convenable était venu de prendre une seconde fois la parole.

— Monsieur Fritz et mademoiselle Marie, dit-elle, vous savez bien que c'est l'enfant Jésus qui donne et bénit tous ces beaux joujoux qu'on vous apporte. Ne désignez donc pas d'avance ceux que vous désirez, car il sait mieux que vous-mêmes ceux qui peuvent vous être agréables.

— Ah! oui, dit Fritz, avec cela que, l'année passée, il ne m'a donné que de l'infanterie quand, ainsi que je viens de le dire, il m'eût été très-agréable d'avoir un escadron de hussards.

— Moi, dit Marie, je n'ai qu'à le remercier, car je ne demandais qu'une seule poupée, et j'ai encore eu une jolie colombe blanche avec des pattes et un bec roses.

Sur ces entrefaites, la nuit étant arrivée tout à fait, de sorte que les enfants parlaient de plus bas en plus bas, et qu'ils se tenaient toujours plus rapprochés l'un de l'autre, il leur semblait autour d'eux sentir les battements d'ailes de leurs anges gardiens tout joyeux, et entendre dans le lointain une musique douce et mélodieuse comme celle d'un orgue qui eût chanté, sous les sombres arceaux d'une cathédrale, la nativité de Notre-Seigneur. Au même instant, une vive lueur passa sur la muraille, et Fritz et Marie comprirent que c'était l'enfant Jésus qui, après avoir déposé leurs joujoux dans le salon, s'envolait sur un nuage d'or vers d'autres enfants qui l'attendaient avec la même impatience qu'eux.

Aussitôt une sonnette retentit, la porte s'ouvrit avec fracas, et une telle lumière jaillit de l'appartement, que les enfants demeurèrent éblouis, n'ayant que la force de crier :

— Ah! ah! ah!

Alors le président et la présidente vinrent sur le seuil de la porte, prirent Fritz et Marie par la main.

— Venez voir, mes petits amis, dirent-ils, ce que l'enfant Jésus vient de vous apporter.

Les enfants entrèrent aussitôt dans le salon, et mademoiselle Trudchen, ayant posé son tricot sur la chaise qui était devant elle, les suivit.

L'ARBRE DE NOEL.

Mes chers enfants, il n'est pas que vous ne connaissiez Susse et Giroux, ces grands entrepreneurs du bonheur de la jeunesse; on vous a conduits dans leurs splendides magasins, et l'on vous a dit, en vous ouvrant un crédit illimité : « Venez, prenez, choisissez. » Alors vous vous êtes arrêtés haletants, les yeux ouverts, la bouche béante, et vous avez eu un de ces moments d'extase que vous ne retrouverez jamais dans votre vie, même le jour où vous serez nommés académiciens, députés ou pairs de France. Eh bien, il en fut ainsi que de vous de Fritz et de Marie, quand ils entrèrent dans le salon et qu'ils virent l'arbre de Noël qui semblait sortir de la grande table couverte d'une nappe blanche, et tout chargé, outre ses pommes d'or, de fleurs en sucre au lieu de fleurs naturelles, et de dragées et de pralines au lieu de fruits; le tout étincelant au feu de cent bougies cachées dans son feuillage, et qui le rendaient aussi éclatant que ces grands ifs d'illuminations que vous voyez les jours de fêtes publiques. A cet aspect, Fritz tenta plusieurs entrechats qu'il accomplit de manière à faire honneur à M. Pochette, son maître de danse, tandis que Marie n'essayait pas même de retenir deux grosses larmes de joie, qui, pareilles à des perles liquides, roulaient sur son visage épanoui comme si une rose de mai.

Mais ce fut bien pis encore quand on passa de l'ensemble aux détails, que les deux enfants virent la table couverte de joujoux de toute espèce, que Marie trouva une poupée double de grandeur de mademoiselle Rose, et une petite robe charmante de soie suspendue à une patère, de manière qu'elle en pût faire le tour, et que Fritz découvrit, rangé sur la table, un escadron de hussards vêtus de pelisses rouges avec des ganses d'or, et montés sur des chevaux blancs, tandis qu'au pied de la même table était attaché le fameux alezan qui faisait un si grand vide dans ses écuries; aussi, nouvel Alexandre, enfourcha-t-il aussitôt le brillant Bucéphale qui lui était offert tout sellé et tout bridé, et, après lui avoir fait faire au grand galop trois ou quatre fois le tour de l'arbre de Noël, déclara-t-il, en remettant pied à terre, que, quoique ce fût un animal très-sauvage et on ne peut plus rétif, il se faisait fort de le dompter de telle façon qu'avant un mois il serait doux comme un agneau.

Mais, au moment où il mettait pied à terre, et où Marie venait de baptiser sa nouvelle poupée du nom de mademoiselle Clarchen, qui correspond en français au nom de Claire, comme celui de Roschen correspond en allemand à celui de Rose, on entendit pour la seconde fois le bruit argentin de la sonnette; les enfants se retournèrent du côté où venait ce bruit, c'est-à-dire vers un angle du salon.

Alors ils virent une chose à laquelle ils n'avaient pas fait attention d'abord, attirés qu'ils avaient été par le brillant arbre de Noël qui tenait le beau milieu de la chambre : c'est que cet angle du salon était coupé par un paravent chinois, derrière lequel il se faisait un certain bruit et une certaine musique qui prouvaient qu'il se passait en cet endroit de l'appartement quelque chose de nouveau et d'inaccoutumé. Les enfants se souvinrent alors en même temps qu'ils n'avaient pas encore aperçu le conseiller de médecine, et d'une même voix ils s'écrièrent :

— Ah! parrain Drosselmayer!

A ces mots, et comme si, en effet, il n'eût attendu que cette exclamation pour faire ce mouvement, le paravent se replia sur lui-même et laissa voir non-seulement parrain Drosselmayer, mais encore!...

Au milieu d'une prairie verte et émaillée de fleurs, un magnifique château avec une quantité de fenêtres en glaces sur sa façade et deux belles tours dorées sur ses ailes. Au même moment, une sonnerie intérieure se fit entendre, les portes et les fenêtres s'ouvrirent, et l'on vit, dans les appartements éclairés de bougies hautes d'un demi-pouce, se promener de petits messieurs et de petites dames : les messieurs, magnifiquement vêtus d'habits brodés, de vestes et de culottes de soie, ayant l'épée au côté et le chapeau sous le bras; les dames splendidement habillées de robes de brocart avec de grands paniers, coiffées en racine droite et tenant à la main des éventails, avec lesquels elles se rafraîchissaient le visage comme si elles étaient accablées de chaleur. Dans le salon du milieu, qui semblait tout en feu à cause d'un lustre de cristal chargé de bougies, dansaient au bruit de cette sonnerie une foule d'enfants : les garçons, en veste ronde; les filles, en robe courte. En même temps, à la fenêtre d'un cabinet attenant, un monsieur, enveloppé d'un manteau de fourrure, et qui bien certainement ne pouvait être qu'un personnage ayant droit au moins au titre de sa transparence, se montrait, faisait des signes et disparaissait, et cela tandis que le parrain Drosselmayer lui-même, vêtu de sa redingote jaune, avec son emplâtre sur l'œil et sa perruque de verre, ressemblant à s'y méprendre, mais haut de trois pouces à peine, sortait et rentrait comme pour inviter les promeneurs à entrer chez lui.

Le premier moment fut pour les deux enfants tout à la surprise et à la joie; mais, après quelques minutes de contemplation, Fritz, qui se tenait les coudes appuyés sur la table, se leva, et, s'approchant impatiemment :

— Mais, parrain Drosselmayer, lui dit-il, pourquoi entres-tu et sors-tu toujours par la même porte? Tu dois être fatigué d'entrer et de sortir toujours par le même endroit. Tiens, va-t'en par celle qui est là-bas, et tu rentreras par celle-ci.

Et Fritz lui montrait de la main les portes des deux tours.

— Mais cela ne se peut pas, répondit le parrain Drosselmayer.

— Alors, reprit Fritz, fais-moi le plaisir de monter l'escalier, de te mettre à la fenêtre à la place de ce monsieur, et de dire à ce monsieur d'aller à la porte à ta place.

— Impossible, mon cher petit Fritz, dit encore le conseiller de médecine.

— Alors les enfants ont dansé assez; il faut qu'ils se promènent tandis que les promeneurs danseront à leur tour.

— Mais tu n'es pas raisonnable, éternel demandeur! s'écria le parrain qui commençait à se fâcher; comme la mécanique est faite, il faut qu'elle marche.

— Alors, dit Fritz, je veux entrer dans le château.

— Ah! pour cette fois, dit le président, tu es fou, mon cher enfant; tu vois bien qu'il est impossible que tu entres dans ce château, puisque les girouettes qui surmontent les plus hautes tours vont à peine à ton épaule.

Fritz se rendit à cette raison et se tut; mais, au bout d'un instant, voyant que les messieurs et les dames se promenaient sans cesse, que les enfants dansaient toujours, que le monsieur au manteau de fourrures se montrait et disparaissait à intervalles égaux, et que le parrain Drosselmayer ne quittait pas sa porte, il dit d'un ton fort désillusionné :

— Parrain Drosselmayer, si toutes tes petites figures ne savent pas faire autre chose que ce qu'elles font et recommencent toujours à faire la même chose, demain tu peux les reprendre, car je ne m'en soucie guère, et j'aime bien mieux mon cheval, qui court à ma volonté, mes hussards, qui manœuvrent à mon commandement, qui vont à droite et à gauche, en avant, en arrière, et qui ne sont enfermés dans aucune maison, que tous tes pauvres petits bonshommes qui sont obligés de marcher comme la mécanique veut qu'ils marchent.

Et, à ces mots, il tourna le dos à parrain Drosselmayer et à son château, s'élança vers la table, et rangea en bataille son escadron de hussards.

Quant à Marie, elle s'était éloignée aussi tout doucement; car le mouvement régulier de toutes les petites poupées lui avait paru fort monotone. Seulement, comme c'était une charmante enfant, ayant tous les instincts du cœur, elle n'avait rien dit, de peur d'affliger le parrain Drosselmayer. En effet, à peine Fritz eut-il le dos tourné, que, d'un air piqué, le parrain Drosselmayer dit au président et à la présidente :

— Allons, allons, un pareil chef-d'œuvre n'est pas fait pour des enfants, et je m'en vais remettre mon château dans sa boîte et le remporter.

Mais la présidente s'approcha de lui, et, réparant l'impolitesse de Fritz, elle se fit montrer dans de si grands détails le chef-d'œuvre du parrain, se fit expliquer si catégoriquement la mécanique, loua si ingénieusement ses ressorts compliqués, que non-seulement elle arriva à effacer dans l'esprit du conseiller de médecine la mauvaise impression produite, mais encore que celui-ci tira des poches de sa redingote jaune une multitude de petits hommes et de petites femmes à peau brune, avec des yeux blancs et des pieds et des mains dorés. Outre leur mérite particulier, ces petits hommes et ces petites femmes avaient une excellente odeur, attendu qu'ils étaient en bois de cannelle.

En ce moment, mademoiselle Trudchen appela Marie pour lui offrir de lui passer cette jolie petite robe de soie qui l'avait si fort émerveillée en entrant, qu'elle avait demandé s'il lui serait permis de la mettre; mais Marie, malgré sa politesse ordinaire, ne répondit pas à mademoiselle Trudchen, tant elle était préoccupée d'un nouveau personnage qu'elle venait de découvrir parmi ses joujoux, et sur lequel, mes chers enfants, je vous prie de concentrer toute votre attention, attendu que c'est le héros principal de cette très-véridique histoire, dont mademoiselle Trudchen, Marie, Fritz, le président, la présidente et même le parrain Drosselmayer ne sont que les personnages accessoires.

LE PETIT HOMME AU MANTEAU DE BOIS.

Marie, disons-nous, ne répondait pas à l'invitation de mademoiselle Trudchen, parce qu'elle venait de découvrir à l'instant même un nouveau joujou qu'elle n'avait pas encore aperçu.

En effet, en faisant tourner, virer, volter ses escadrons, Fritz avait démasqué, appuyé mélancoliquement au tronc de l'arbre de Noël, un charmant petit bonhomme qui, silencieux et plein de convenance, attendait que son tour vînt d'être vu. Il y aurait bien eu quelque chose à dire sur la taille de ce petit bonhomme, auquel nous sommes peut-être trop pressé de donner l'épithète de charmant; car, outre que son buste, trop long et trop développé, ne se trouvait plus en harmonie parfaite avec ses petites jambes grêles, il avait la tête d'une grosseur si démesurée, qu'elle sortait de toutes les proportions indiquées non-seulement par la nature, mais encore par les maîtres de dessin, qui en savent là-dessus bien plus que la nature.

Mais, s'il y avait quelque défectuosité dans sa personne, cette défectuosité était rachetée par l'excellence de sa toilette, qui indiquait à la fois un homme d'éducation et de goût : il portait une polonaise en velours violet avec une quantité de brandebourgs et de boutons d'or, des culottes pareilles, et les plus charmantes petites bottes qui se soient jamais vues aux pieds d'un étudiant, et même d'un officier, car elles étaient tellement collantes, qu'elles semblaient peintes. Mais deux choses étranges pour un homme qui paraissait avoir en fashion des goûts si supérieurs, c'était d'avoir un laid et étroit manteau de bois, pareil à une queue qu'il s'était attachée au bas de la nuque et qui retombait au milieu de son dos, et un mauvais petit bonnet de montagnard qu'il s'était ajusté sur la tête. Mais Marie, en voyant ces deux objets, qui formaient avec le reste du costume une si grande disparate, avait réfléchi que le parrain Drosselmayer portait lui-même, par-dessus sa redingote jaune, un petit collet qui n'avait guère meilleure façon que le manteau de bois du bonhomme à la polonaise, et qu'il couvrait parfois son chef d'un affreux et fatal bonnet, près duquel tous les bonnets de la terre ne pouvaient souffrir aucune comparaison, ce qui n'empêchait pas le parrain Drosselmayer de faire un excellent parrain. Elle se dit même à part soi que, le parrain Drosselmayer modelât-il entièrement sa toilette sur celle du petit homme au manteau de bois, il serait encore bien loin d'être aussi gentil et aussi gracieux que lui.

On conçoit que toutes ces réflexions de Marie ne s'étaient pas faites sans un examen approfondi du petit bonhomme qu'elle avait pris en amitié dès la première vue; or, plus elle l'examinait, plus Marie sentait combien il y avait de douceur et de bonté dans sa physionomie. Ses yeux vert clair, auxquels on ne pouvait faire d'autre reproche que d'être un peu trop à fleur de tête, n'exprimaient que la sérénité et la bienveillance. La barbe de coton blanc frisé, qui s'étendait sur tout son menton, lui allait particulièrement bien, en ce qu'elle faisait valoir le charmant sourire de sa bouche, un peu trop fendue peut-être, mais rouge et brillante. Aussi, après l'avoir considéré avec une affection croissante, pendant plus de dix minutes, sans oser le toucher :

— Oh! s'écria la jeune fille, dis-moi donc, bon père, à qui appartient ce cher petit bonhomme qui est adossé là, contre l'arbre de Noël.

— A personne en particulier, à vous tous ensemble, répondit le président.

— Comment cela, bon père? Je ne te comprends pas.

— C'est le travailleur commun, reprit le président; c'est celui qui est chargé à l'avenir de casser pour vous toutes les noisettes que vous mangerez; et il appartient aussi bien à Fritz qu'à toi, et à toi qu'à Fritz.

Et, en disant cela, le président l'enleva avec précaution de la place où il était posé, et, soulevant son étroit manteau de bois, il lui fit, par un jeu de bascule des plus simples, ouvrir sa bouche, qui, en s'ouvrant, découvrit deux rangs de dents blanches et pointues. Alors Marie, sur l'invitation de son père, y fourra une noisette, et, knac! knac! le petit bonhomme cassa la noisette avec tant d'adresse, que la coquille brisée tomba en mille morceaux, et que l'amande intacte resta dans la main de Marie. La petite fille alors comprit que le coquet petit bonhomme était un descendant de cette race antique et vénérée des casse-noisettes dont l'origine, aussi ancienne que celle de la ville de Nuremberg, se perd avec elle dans la nuit des temps, et qu'il continuait à exercer l'honorable et philanthropique profession de ses ancêtres : et Marie, enchantée d'avoir fait cette découverte, se prit à sauter de joie. Sur quoi, le président lui dit :

— Eh bien, ma bonne petite Marie, puisque le casse-noisette te plaît tant, quoiqu'il appartienne également à Fritz et à toi, c'est toi qui seras particulièrement chargée d'en avoir soin. Je le place donc sous ta protection.

Et, à ces mots, le président remit le petit bonhomme à Marie, qui le prit dans ses bras et se mit aussitôt à lui faire exercer son métier, tout en choisissant cependant, tant c'était un bon cœur que celui de cette charmante enfant, les plus petites noisettes, afin que son protégé n'eût pas besoin d'ouvrir démesurément la bouche, ce qui ne lui seyait pas bien, et donnait une expression ridicule à sa physionomie. Alors mademoiselle Trudchen s'approcha pour jouir à son tour de la vue du petit bonhomme, et il fallut que, pour elle aussi, le casse-noisette remplît son office, ce qu'il fit gracieusement et sans rechigner le moins du monde, quoique mademoiselle Trudchen, comme on le sait, ne fût qu'une suivante.

Mais, tout en continuant de dresser son alezan et de faire manœuvrer ses hussards, Fritz avait entendu le *knac! knac! knac!* et, à ce bruit vingt fois répété, il avait compris qu'il se passait quelque chose de nouveau. Il avait donc levé la tête, et avait tourné ses grands yeux interrogateurs vers le groupe composé du président, de Marie et de mademoiselle Trudchen, et, dans les bras de sa sœur, il avait aperçu le petit bonhomme au manteau de bois; alors il était descendu de cheval, et, sans se donner le temps de reconduire l'alezan à l'écurie, il était accouru auprès de Marie, et avait révélé sa présence par un joyeux éclat de rire que lui avait inspiré la grotesque figure que faisait le petit bonhomme en ouvrant sa grande bouche. Alors Fritz réclama sa part des noisettes que cassait le petit bonhomme, ce qui lui fut accordé; puis le droit de les lui faire casser lui-même, ce qui lui fut accordé encore, comme propriétaire par moitié. Seulement, tout au contraire de sa sœur, et malgré ses observations, Fritz choisit aussitôt, pour les lui fourrer dans la bouche, les noisettes les plus grosses et les plus dures, ce qui fit qu'à la cinquième ou sixième noisette fourrée ainsi par Fritz dans la bouche du petit bonhomme, on entendit tout à coup : Carrac! et que trois petites dents tombèrent des gencives du casse-noisette, dont le menton, démantibulé, devint à l'instant même débile et tremblotant comme celui d'un vieillard.

— Ah! mon pauvre cher casse-noisette! s'écria Marie en arrachant le petit bonhomme des mains de Fritz.

— En voilà un stupide imbécile! s'écria celui-ci; ça veut être casse-noisette, et cela a une mâchoire de verre : c'est un faux casse-noisette, et qui n'entend pas son métier. Passe-le-moi, Marie; il faut qu'il continue de m'en casser, dût-il y perdre le reste de ses dents, et dût son menton se disloquer tout à fait. Voyons, quel intérêt prends-tu à ce paresseux?

— Non, non, non! s'écria Marie en serrant le petit bonhomme entre ses bras; non, tu n'auras plus mon pauvre casse-noisette. Vois donc comme il me regarde d'un air malheureux en me montrant sa pauvre mâchoire blessée. Fi! tu es un mauvais cœur, tu bats tes chevaux, et, l'autre jour encore, tu as fait fusiller un de tes soldats.

— Je bats mes chevaux quand ils sont rétifs, répondit Fritz de son air le plus fanfaron; et, quant au soldat que j'ai fait fusiller l'autre jour, c'était un misérable vagabond dont je n'avais pu rien faire depuis un an qu'il était à mon service, et qui avait fini un beau matin par déserter avec armes et bagages, ce qui, dans tous les pays du monde, entraîne la peine de mort. D'ailleurs, toutes ces choses sont affaires de discipline qui ne regardent pas les femmes. Je ne t'empêche pas de fouetter tes poupées, ne m'empêche donc pas de battre mes chevaux et de faire fusiller mes militaires. Maintenant je veux le casse-noisette.

— O bon père! à mon secours! dit Marie enveloppant le petit bonhomme dans son mouchoir de poche, à mon secours! Fritz veut me prendre le casse-noisette.

Aux cris de Marie, non-seulement le président se rapprocha du groupe des enfants dont il s'était éloigné, mais encore la présidente et le parrain Drosselmayer accoururent. Les deux enfants expliquèrent chacun leurs raisons : Marie, pour garder le casse-noisette, et Fritz, pour le reprendre; et, au grand étonnement de Marie, le parrain Drosselmayer, avec un sourire qui parut féroce à la petite fille, donna raison à Fritz. Heureusement pour le pauvre casse-noisette que le président et la présidente se rangèrent à l'avis de Marie.

— Mon cher Fritz, dit le président, j'ai mis le casse-noisette sous la protection de votre sœur, et, autant que mon peu de connaissance en médecine me permet d'en juger en ce moment, je vois que le pauvre malheureux est fort endommagé et a grand besoin de soins; j'accorde donc, jusqu'à sa parfaite convalescence, plein pouvoir à Marie, et cela, sans que personne ait rien à y redire. D'ailleurs, toi qui es fort sur la discipline militaire, où as-tu jamais vu qu'un général fasse retourner au feu un soldat blessé à son service? Les blessés vont à l'hôpital jusqu'à ce qu'ils soient guéris, et, s'ils restent estropiés de leurs blessures, ils ont droit aux Invalides.

Fritz voulut insister; mais le président leva son index à la hauteur de l'œil droit, et laissa échapper ces deux mots :

— Monsieur Fritz!

Nous avons déjà dit quelle influence ces deux mots avaient sur le petit garçon; aussi, tout honteux de s'être attiré cette mercuriale, se glissa-t-il, doucement et sans souffler le mot, du côté de la table où étaient les hussards, qui, après avoir posé leurs sentinelles perdues et établi leurs avant-postes, se retirèrent silencieusement dans leurs quartiers de nuit.

Pendant ce temps, Marie ramassait les petites dents du casse-noisette, qu'elle continuait de tenir enveloppé dans son mouchoir, et dont elle avait soutenu le menton avec un joli ruban blanc détaché de sa robe de soie. De son côté, le petit bonhomme, très-pâle et très-effrayé d'abord, paraissait confiant dans la bonté de sa protectrice, et se rassurait peu à peu, en se sentant tout doucement bercé par elle. Alors Marie s'aperçut que le parrain Drosselmayer regardait d'un air moqueur les soins maternels qu'elle donnait au manteau de bois, et il lui sembla même que l'œil unique du conseiller de médecine avait pris une expression de malice et de méchanceté qu'elle n'avait pas l'habitude de lui voir. Cela fit qu'elle voulut s'éloigner de lui.

Alors le parrain Drosselmayer se mit à rire aux éclats en disant :

— Pardieu ! ma chère filleule, je ne comprends pas comment une jolie petite fille comme toi peut être aussi aimable pour cet affreux petit bonhomme.

Alors Marie se retourna ; et, comme, dans son amour du prochain, le compliment que lui faisait son parrain n'établissait pas une compensation suffisante avec l'injuste attaque adressée à son casse-noisette, elle se sentit, contre son naturel, prise d'une grande colère, et cette vague comparaison qu'elle avait déjà faite de son parrain avec le petit homme au manteau de bois lui revenant à l'esprit :

— Parrain Drosselmayer, dit-elle, vous êtes injuste envers mon pauvre petit casse-noisette, que vous appelez un affreux petit bonhomme; qui sait même si vous aviez sa jolie petite polonaise, sa jolie petite culotte et ses jolies petites bottes, qui sait si vous auriez aussi bon air que lui ?

A ces mots, les parents de Marie se mirent à rire, et le nez du conseiller de médecine s'allongea prodigieusement.

Pourquoi le nez du conseiller de médecine s'était-il allongé ainsi, et pourquoi le président et la présidente avaient-ils éclaté de rire ? C'est ce dont Marie, étonnée de l'effet que sa réponse avait produit, essaya vainement de se rendre compte.

Or, comme il n'y a pas d'effet sans cause, cet effet se rattachait sans doute à quelque cause mystérieuse et inconnue qui nous sera expliquée par la suite.

CHOSES MERVEILLEUSES.

Je ne sais, mes chers petits amis, si vous vous rappelez que je vous ai dit un mot de certaine grande armoire vitrée dans laquelle les enfants enfermaient leurs joujoux. Cette armoire se trouvait à droite en entrant dans le salon du président. Marie était encore au berceau, et Fritz marchait à peine seul quand le président avait fait faire cette armoire par un ébéniste fort habile, qui l'orna de carreaux si brillants, que les joujoux paraissaient dix fois plus beaux, rangés sur les tablettes, que lorsqu'on les tenait dans les mains. Sur le rayon d'en haut, que ni Marie ni même Fritz ne pouvaient atteindre, on mettait les chefs-d'œuvre du parrain Drosselmayer. Immédiatement au-dessous était le rayon des livres d'images; enfin, les deux derniers rayons étaient abandonnés à Fritz et à Marie, qui les remplissaient comme ils l'entendaient. Cependant il arrivait presque toujours, par une convention tacite, que Fritz s'emparait du rayon supérieur pour en faire le cantonnement de ses troupes, et que Marie se réservait le rayon d'en bas pour ses poupées, leurs ménages et leurs lits. C'est ce qui était encore arrivé le jour de la Noël; Fritz rangea ses nouveaux venus sur la tablette supérieure, et Marie, après avoir relégué mademoiselle Rose dans un coin, avait donné sa chambre à coucher et son lit à mademoiselle Claire, c'était le nom de la nouvelle poupée, et s'était invitée à passer chez elle une soirée de sucreries. Au reste, mademoiselle Claire, en jetant les yeux autour d'elle, en voyant son ménage bien rangé sur les tablettes, sa table chargée de bonbons et de pralines, et surtout son petit lit blanc avec son couvre-pieds de satin rose si frais et si joli, avait paru fort satisfaite de son nouvel appartement.

Pendant tous ces arrangements, la soirée s'était fort avancée; il allait être minuit, et le parrain Drosselmayer était déjà parti depuis longtemps, qu'on n'avait pas encore pu arracher les enfants de devant leur armoire.

Contre l'habitude, ce fut Fritz qui se rendit le premier aux raisonnements de ses parents, qui lui faisaient observer qu'il était temps de se coucher.

— Au fait, dit-il, après l'exercice qu'ils ont fait toute la soirée, mes pauvres diables de hussards doivent être fatigués; or, je les connais, ce sont de braves soldats qui connaissent leur devoir envers moi, et comme, tant que je serai là, il n'y en aurait pas un qui se permettrait de fermer l'œil, je vais me retirer.

Et, à ces mots, après leur avoir donné le mot d'ordre pour qu'ils ne fussent pas surpris par quelque patrouille ennemie, Fritz se retira effectivement.

Mais il n'en fut pas ainsi de Marie; et comme la présidente, qui avait hâte de rejoindre son mari qui était déjà passé dans sa chambre, l'invitait à se séparer de sa chère armoire :

— Encore un instant, un tout petit instant, chère maman, dit-elle, laisse-moi finir mes affaires; j'ai encore une foule de choses importantes à terminer, et, dès que j'aurai fini, je te promets que j'irai me coucher.

Marie demandait cette grâce d'une voix si suppliante, d'ailleurs c'était une enfant à la fois si obéissante et si sage, que sa mère ne vit aucun inconvénient à lui accorder ce qu'elle désirait; cependant, comme mademoiselle Trudchen était déjà remontée pour préparer le coucher de la petite fille, de peur que celle-ci, dans la préoccupation que lui inspirait la vue de ses nouveaux joujoux, n'oubliât de souffler les bougies, la présidente s'acquitta elle-même de ce soin, ne laissant brûler que la lampe du plafond, laquelle répandait dans la chambre une douce et pâle lumière, et se retira à son tour en disant :

— Rentre bientôt, chère petite Marie, car, si tu restais trop tard, tu serais fatiguée, et peut-être ne pourrais-tu plus te lever demain.

Et, à ces mots, la présidente sortit du salon et ferma la porte derrière elle.

Dès que Marie se trouva seule, elle en revint à la pensée qui la préoccupait avant toutes les autres, c'est-à-dire à son pauvre petit casse-noisette, qu'elle avait toujours continué de porter sur son bras, enveloppé dans son mouchoir de poche. Elle le déposa doucement sur la table, le démaillotta et visita ses blessures. Le casse-noisette avait l'air de beaucoup souffrir, et paraissait fort mécontent.

— Ah! cher petit bonhomme, dit-elle bien bas, ne sois pas en colère, je t'en prie, de ce que mon frère Fritz t'a fait tant de mal; il n'avait pas mauvaise intention, sois-en bien sûr; seulement, ses manières sont devenues un peu rudes, et son cœur s'est tant soit peu endurci dans sa vie de soldat. C'est, du reste, un fort bon garçon, je puis te l'assurer, et je suis convaincue que, lorsque tu le connaîtras davantage, tu lui pardonneras. D'ailleurs, par compensation du mal que mon frère t'a fait, moi, je vais te soigner si bien et si attentivement, que, d'ici à quelques jours, tu seras redevenu joyeux et bien portant. Quant à te replacer les dents et à te rattacher le menton, c'est l'affaire du parrain Drosselmayer, qui s'entend très-bien à ces sortes de choses.

Mais Marie ne put achever son petit discours. Au moment où elle prononçait le nom du parrain Drosselmayer, le casse-noisette, auquel ce discours s'adressait, fit une si atroce grimace, et il sortit de ses deux yeux verts un double éclair si brillant, que la petite fille, tout effrayée, s'arrêta et fit un pas en arrière. Mais, comme aussitôt le casse-noisette reprit sa bienveillante physionomie et son mélancolique sourire, elle pensa qu'elle avait été le jouet d'une illusion, et que la flamme de la lampe, agitée par quelque courant d'air, avait défiguré ainsi le petit bonhomme.

Elle en vint même à se moquer d'elle-même et à se dire :

— En vérité, je suis bien sotte d'avoir pu croire un instant que cette figure de bois était capable de me faire des grimaces. Allons, rapprochons-nous de lui et soignons-le comme son état l'exige.

Et, à la suite de ce monologue intérieur, Marie reprit son protégé entre ses bras, se rapprocha de l'armoire vitrée, frappa à la porte qu'avait fermée Fritz, et dit à la poupée neuve :

— Je t'en prie, mademoiselle Claire, abandonne ton lit à mon casse-noisette qui est malade, et, pour une nuit, accommode-toi du sofa; songe que tu te portes à merveille et que tu es pleine de santé, comme le prouvent tes joues rouges et rebondies. D'ailleurs, une nuit est bientôt passée; le sofa est bon, et il n'y aura pas encore à Nuremberg beaucoup de poupées aussi bien couchées que toi.

Mademoiselle Claire, comme on le pense bien, ne souffla pas le mot; mais il sembla à Marie qu'elle prenait un air fort pincé et fort maussade. Mais Marie, qui trouvait, dans sa conscience, qu'elle avait pris avec mademoiselle Claire tous les ménagements convenables, ne fit pas davantage de façons avec elle, et, tirant le lit à elle, elle y coucha avec beaucoup de soin le casse-noisette malade, lui ramenant les draps jusqu'au menton. Alors elle réfléchit qu'elle ne connaissait pas encore le fond du caractère de mademoiselle Claire, puisqu'elle l'avait depuis quelques heures seulement; qu'elle avait paru de fort mauvaise humeur quand elle lui avait emprunté son lit, et qu'il pourrait arriver malheur au blessé, si elle le laissait à la portée de cette impertinente personne. En conséquence, elle plaça le lit et le casse-noisette sur le rayon supérieur, tout contre le beau village où la cavalerie de Fritz était cantonnée; puis, ayant posé mademoiselle Claire sur son sofa, elle ferma l'armoire, et s'apprêtait à aller rejoindre mademoiselle Trudchen dans sa chambre à coucher, lorsque, dans toute la chambre, autour de la pauvre enfant, commencèrent à se faire entendre une foule de petits bruits sourds derrière les fauteuils, derrière le poêle, derrière les armoires. La grande horloge attachée au mur, et que surmontait, au lieu du coucou traditionnel, une grosse chouette dorée, ronronnait au milieu de tout cela de plus fort en plus fort, sans cependant se décider à sonner. Marie alors jeta les yeux sur elle, et vit que la grosse chouette dorée avait abattu ses ailes de manière à couvrir entièrement l'horloge, et qu'elle avançait tant qu'elle pouvait sa hideuse tête de chat aux yeux ronds et au bec recourbé; et alors le ronronnement, devenant plus fort encore, se changea en un murmure qui ressemblait à une voix, et l'on put distinguer ces mots qui semblaient sortir du bec de la chouette :

— Horloges, horloges, ronronnez toutes, bien bas : le roi des souris a l'oreille fine. Boum, boum, boum, chantez seulement, chantez-lui sa vieille chanson. Boum, boum, boum, sonnez, clochettes, sonnez sa dernière heure, car bientôt ce sera fait de lui.

Et, boum, boum, boum, on entendit retentir douze coups sourds et enroués.

Marie avait très-peur. Elle commençait à frissonner des pieds à la tête, et elle allait s'enfuir, quand elle aperçut le parrain Drosselmayer assis sur la pendule à la place de la chouette, et dont les deux pans de la redingote jaune avaient pris la place des deux ailes pendantes de l'oiseau de nuit. A cette vue, elle s'arrêta clouée à sa place par l'étonnement, et elle se mit à crier en pleurant :

— Parrain Drosselmayer, que fais-tu là-haut? Descends près de moi, et ne m'épouvante pas ainsi, méchant parrain Drosselmayer.

Mais, à ces paroles, commencèrent à la ronde un sifflement aigu et un ricanement enragé; puis bientôt on entendit des milliers de petits pieds trotter derrière les murs, puis on vit des milliers de petites lumières qui scintillaient à travers les fentes des cloisons; quand je dis des milliers de petites lumières, je me trompe, c'étaient des milliers de petits yeux brillants. Et Marie s'aperçut que de tous côtés il y avait une population de souris qui s'apprêtait à entrer. En effet, au bout de cinq minutes, par les jointures des portes, par les fentes du plancher, des milliers de souris pénétrèrent dans la chambre, et trott, trott, trott, hopp, hopp, hopp, commencèrent à galoper deçà, delà, et bientôt se mirent en rang de la même façon que Fritz avait l'habitude de disposer ses soldats pour la bataille. Ceci parut fort plaisant à Marie; et, comme elle ne ressentait pas pour les souris cette terreur naturelle et puérile qu'éprouvent les autres enfants, elle allait s'amuser sans doute infiniment à ce spectacle, lorsque tout à coup elle entendit un sifflement si terrible, si aigu et si prolongé, qu'un froid glacial lui passa sur le dos. Au même instant, à ses pieds, le plancher se souleva, et, poussé par une puissance souterraine, le roi des souris, avec ses sept têtes couronnées, apparut à ses pieds, au milieu du sable, du plâtre et de la terre broyée, et chacune de ces sept têtes commença à siffloter et à grignoter hideusement, pendant que le corps auquel appartenaient ces sept têtes sortait à son tour. Aussitôt toute l'armée s'élança au-devant de son roi, en couicant trois fois en chœur; puis aussitôt, tout en gardant leurs rangs, les régiments de souris se mirent à courir par la chambre, se dirigeant vers l'armoire vitrée, contre laquelle Marie, enveloppée de tous côtés, commença à battre en retraite. Nous l'avons dit, ce n'était cependant pas une enfant peureuse; mais, quand elle se vit entourée de cette foule innombrable de souris, commandée par ce monstre à sept têtes, la frayeur s'empara d'elle, et son cœur commença de battre si fort, qu'il lui sembla qu'il voulait sortir de sa poitrine. Puis tout à coup son sang parut s'arrêter, la respiration lui manqua; à demi évanouie, elle recula en chancelant; enfin, kling, kling, prrrr! et la glace de l'armoire vitrée, enfoncée par son coude, tomba sur le parquet, brisée en mille morceaux. Elle ressentit bien au moment même une vive douleur au bras gauche; mais, en même temps, son cœur se retrouva plus léger, car elle n'entendit plus ces horribles couics, couics, qui l'avaient si fort effrayée; en effet, tout était redevenu tranquille autour d'elle, les souris avaient disparu, et elle crut que, effrayées du bruit qu'avait fait la glace en se brisant, elles s'étaient réfugiées dans leurs trous.

Mais voilà que, presque aussitôt, succédant à ce bruit, commença dans l'armoire une rumeur étrange, et que de toutes petites voix aiguës criaient de toutes leurs faibles forces : « Aux armes! aux armes! aux armes! » Et, en même temps, la sonnerie du château se mit à sonner, et l'on entendait murmurer de tous côtés : « Allons, alerte, alerte! levons-nous : c'est l'ennemi. Bataille, bataille, bataille! »

Marie se retourna. L'armoire était miraculeusement éclairée, et il s'y faisait un grand remue-ménage : tous les arlequins, les pierrots, les polichinelles et les pantins s'agitaient, couraient deçà, delà, s'exhortant les uns les autres, tandis que les poupées faisaient de la charpie et préparaient des remèdes pour les blessés. Enfin, casse-noisette lui-même rejeta tout à coup ses couvertures et sauta à bas du lit sur ses deux pieds à la fois, en criant :

— Knac! knac! knac! Stupide tas de souris, rentrez dans vos trous, ou, à l'instant même, vous allez avoir affaire à moi.

Mais, à cette menace, un grand sifflement retentit, et Marie s'aperçut que les souris n'étaient pas rentrées dans leurs trous, mais bien qu'elles s'étaient, effrayées par le bruit du verre cassé, réfugiées sous les tables et sous les fauteuils, d'où elles commençaient à sortir.

De son côté, casse-noisette, loin d'être effrayé par le sifflement, parut redoubler de courage.

— Ah! misérable roi des souris, s'écria-t-il, c'est donc toi : tu acceptes enfin le combat que je t'offre depuis si longtemps. Viens donc, et que cette nuit décide de nous deux. Et vous, mes bons amis, mes compagnons, mes frères, s'il est vrai que nous nous sommes liés de quelque tendresse dans la boutique de Zacharias, soutenez-moi dans ce rude combat. Allons, en avant! et qui m'aime me suive!

Jamais proclamation ne fit un effet pareil : deux arlequins, un pierrot, deux polichinelles et trois pantins s'écrièrent à haute voix :

— Oui, seigneur, comptez sur nous, à la vie, à la mort! Nous vaincrons sous vos ordres, ou nous périrons avec vous.

A ces paroles, qui lui prouvaient qu'il y avait de l'écho dans le cœur de ses amis, casse-noisette se sentit tellement électrisé, qu'il tira son sabre, et, sans calculer la hauteur effrayante où il se trouvait, il s'élança du deuxième rayon. Marie, en voyant ce saut périlleux, jeta un cri, car casse-noisette ne pouvait manquer de se briser; lorsque mademoiselle Claire, qui était dans le rayon inférieur, s'élança de son sofa, et reçut casse-noisette entre ses bras.

— Ah! chère et bonne petite Claire, s'écria Marie en joignant ses deux mains avec attendrissement, comme je t'ai méconnue!

Mais mademoiselle Claire, tout entière à la situation, disait au casse-noisette :

— Comment, blessé et souffrant déjà comme vous l'êtes, Monseigneur, vous risquez-vous dans de nouveaux dangers? Contentez-vous de commander; laissez les autres combattre. Votre courage est connu, et ne peut rien gagner à fournir de nouvelles preuves.

Et, en disant ces paroles, mademoiselle Claire essayait de retenir le valeureux casse-noisette en le pressant contre son corsage de satin; mais celui-ci se mit à gigotter et à gambiller de telle sorte, que mademoiselle Claire fut forcée de le laisser échapper; il glissa donc de ses bras, et, tombant sur ses pieds avec une grâce parfaite, il mit un genou en terre, et lui dit :

— Princesse, soyez sûre que, quoique vous ayez à une certaine époque été injuste envers moi, je me souviendrai toujours de vous, même au milieu de la bataille.

Alors mademoiselle Claire se pencha le plus qu'elle put, et, le saisissant par son petit bras, elle le força de se relever; puis, détachant avec vivacité sa ceinture tout étincelante de paillettes, elle en fit une écharpe qu'elle voulut passer au cou du jeune héros; mais celui-ci recula de deux pas, et, tout en s'inclinant en témoignage de sa reconnaissance pour une si grande faveur, il détacha le petit ruban blanc avec lequel Marie l'avait pansé, le porta à ses lèvres, et, s'en étant ceint le corps, léger et agile comme un oiseau, il sauta en brandissant son petit sabre du rayon où il était sur le plancher. Aussitôt les couics et les piaulements recommencèrent plus féroces que jamais, et le roi des souris, comme pour répondre au défi de casse-noisette, sortit de dessous la grande table du milieu avec son corps d'armée, tandis qu'à droite et à gauche, les deux ailes commençaient à déborder les fauteuils où elles s'étaient retranchées.

LA BATAILLE.

— Trompettes, sonnez la charge! Tambours, battez la générale! cria Casse-noisette.

Et aussitôt les trompettes du régiment de hussards de Fritz se mirent à sonner, tandis que les tambours de son infanterie commençaient à battre et qu'on entendait le bruit sourd et rebondissant des canons sautant sur leurs affûts. En même temps, un corps de musiciens s'organisa : c'étaient des figaros avec leurs guitares, des piféraris avec leurs musettes, des bergers suisses avec leurs cors, des nègres avec leurs triangles, qui, quoiqu'ils ne fussent aucunement convoqués par Casse-noisette, ne commencèrent pas moins comme volontaires à descendre d'un rayon à l'autre en jouant la marche des Samnites. Cela, sans doute, monta la tête aux bonshommes les plus pacifiques, et, à l'instant même, une espèce de garde nationale commandée par le suisse de la paroisse, et dans les rangs de laquelle se rangèrent les arlequins, les polichinelles, les pierrots et les pantins, s'organisa, et, en un instant, s'armant de tout ce qu'elle put trouver, fut prête pour le combat. Il n'y eut pas jusqu'à un cuisinier qui, quittant son feu, ne descendît avec sa broche, à laquelle était déjà passé un dindon à moitié rôti, et, n'allât prendre sa place dans les rangs. casse-noisette se mit à la tête de ce vaillant bataillon, qui, à la honte des troupes réglées, se trouva le premier prêt.

Il faut tout dire aussi, car on croirait que notre sympathie pour l'illustre milice citoyenne dont nous faisons partie nous aveugle : ce n'était pas la faute des hussards et des fantassins de Fritz s'ils n'étaient pas en mesure aussi rapidement que les autres. Fritz, après avoir placé les sentinelles perdues et les postes avancés, avait caserné le reste de son armée dans quatre boîtes qu'il avait refermées sur elle. Les malheureux prisonniers avaient donc beau entendre le tambour et la trompette qui les appelaient à la bataille, ils étaient enfermés et ne pouvaient sortir. On les entendait dans leurs boîtes grouiller comme des écrevisses dans un panier; mais, quels que fussent leurs efforts, ils ne pouvaient sortir. Enfin les grenadiers, moins bien enfermés que les autres, parvinrent à soulever le couvercle de leur boîte, et prêtèrent main-forte aux chasseurs et aux voltigeurs. En un instant tous furent sur pied, et alors, sentant de quelle utilité leur serait la cavalerie, ils allèrent délivrer les hussards, qui se mirent aussitôt à caracoler sur les flancs et à se ranger quatre par quatre.

Mais, si les troupes réglées étaient en retard de quelques minutes, grâce à la discipline dans laquelle Fritz les avait maintenues, elles eurent bientôt réparé le temps perdu, et fantassins, cavaliers, artilleurs se mirent à descendre, pareils à une avalanche, au milieu des applaudissements de mademoiselle Rose et de mademoiselle Claire, qui battaient des mains en les voyant passer, et les excitaient du geste et de la voix, comme faisaient autrefois les belles châtelaines dont sans doute elles descendaient.

Cependant le roi des souris avait compris que c'était une armée tout entière à laquelle il allait avoir affaire. En effet, au centre était Casse-Noisette avec sa vaillante garde civique; à gauche, le régiment de hussards qui n'attendait que le moment de charger; à droite, une infanterie formidable; tandis que, sur un tabouret qui dominait tout le champ de bataille, venait de s'établir une batterie de dix pièces de canon; en outre, une puissante réserve, composée de bonshommes de pain d'épice et de chevaliers en sucre de toutes couleurs, était demeurée dans l'armoire et commençait à s'agiter à son tour. Mais il était trop avancé pour reculer; il donna le signal par un *couic* qui fut répété en chœur par toute son armée.

En même temps, une bordée d'artillerie, partie du tabouret, répondit en envoyant au milieu des masses souriquoises une volée de mitraille.

Presque au même instant, tout le régiment de hussards s'ébranla pour charger; de sorte que, d'un côté, la poussière qui s'élevait sous les pieds des chevaux; de l'autre, la fumée des canons qui s'épaississait de plus en plus, dérobèrent à Marie la vue du champ de bataille.

Mais, au milieu du bruit des canons, des cris des combattants, du râle des mourants, elle continuait d'entendre la voix de Casse-Noisette dominant tout le fracas.

— Sergent Arlequin, criait-il, prenez vingt hommes, et jetez-vous en tirailleur sur le flanc de l'ennemi. Lieutenant Polichinelle, formez-vous en carré. Capitaine Paillasse, commandez des feux de peloton. Colonel des hussards, chargez par masses, et non par quatre, comme vous faites. Bravo! messieurs les soldats de plomb, bravo! Que tout le monde fasse son devoir comme vous le faites, et la journée est à nous!

Mais, par ces encouragements mêmes, Marie comprenait que la bataille était acharnée et la victoire indécise. Les souris, refoulées par les hussards, décimées par les feux de peloton, culbutées par les volées de mitraille, revenaient sans cesse plus pressées, mordant et déchirant tout ce qu'elles rencontraient; c'était, comme les mêlées du temps de la chevalerie, une affreuse lutte corps à corps, dans laquelle chacun attaquait et se défendait sans s'inquiéter de son voisin. Casse-Noisette voulait inutilement dominer l'ensemble des mouvements et procéder par masses. Les hussards, ramenés par un corps considérable de souris, s'étaient éparpillés et tentaient inutilement de se réunir autour de leur colonel; un gros bataillon de souris les avait coupés du corps d'armée et débordait la garde civique, qui faisait des merveilles. Le suisse de la paroisse se démenait avec sa hallebarde comme un diable dans un bénitier; le cuisinier enfilait des rangs tout entiers de souris avec sa broche; les soldats de plomb tenaient comme des murailles, mais Arlequin, avec ses vingt hommes, avait été repoussé, et était venu se mettre sous la protection de la batterie; mais le carré du lieutenant Polichinelle avait été enfoncé, et ses débris, en s'enfuyant, avaient jeté du désordre dans la garde civique ; enfin le capitaine Paillasse, sans doute par manque de cartouches, avait cessé son feu et se retirait pas à pas, mais enfin se retirait. Il résulta de ce mouvement rétrograde, opéré sur toute la ligne, que la batterie de canons se trouva à découvert. Aussitôt le roi des souris, comprenant que c'était de la prise de cette batterie que dépendait pour lui le succès de la bataille, ordonna à ses troupes les plus aguerries de charger dessus. En un instant le tabouret fut escaladé; les canonniers se firent tuer sur leurs pièces. L'un d'eux mit même le feu à son caisson, et enveloppa dans sa mort héroïque une vingtaine d'ennemis. Mais tout ce courage fut inutile contre le nombre, et bientôt une volée de mitraille, tirée par ses propres pièces, et qui frappa en plein dans le bataillon que commandait Casse-Noisette, lui apprit que la batterie du tabouret était tombée au pouvoir de l'ennemi.

Dès lors la bataille fut perdue, et Casse-Noisette ne s'occupa plus que de faire une retraite honorable; seulement, pour donner quelque relâche à ses troupes, il appela à lui la réserve.

Aussitôt les bonshommes de pain d'épice et le corps de bonbons en sucre descendirent de l'armoire et donnèrent à leur tour. C'étaient des troupes fraîches, il est vrai, mais peu expérimentées : les bonshommes de pain d'épice surtout étaient fort maladroits, et, frappant à tort et à travers, estropiaient aussi bien les amis que les ennemis; le corps des bonbons tenait ferme; mais il n'y avait entre les combattants aucune homogénéité : c'étaient des empereurs, des chevaliers, des Tyroliens, des jardiniers, des cupidons, des singes, des lions et des crocodiles, de sorte qu'ils ne pouvaient combiner leurs mouvements, et n'avaient de puissance que comme masse. Cependant leur concours produisit un utile résultat : à peine les souris eurent-elles goûté des bonshommes de pain d'épice et entamé le corps de bonbons, qu'elles abandonnèrent les soldats de plomb, dans lesquels elles avaient grand'peine à mordre, et les polichinelles, les paillasses, les arlequins, les suisses et les cuisiniers, qui étaient simplement rembourrés d'étoupe et de son, pour se ruer sur la malheureuse réserve, qui, en un instant, fut entourée par des milliers de souris, et, après une défense héroïque, fut dévorée avec armes et bagages.

Casse-Noisette avait voulu profiter de ce moment de repos pour rallier son armée; mais le terrible spectacle de la réserve anéantie avait glacé les plus fiers courages. Paillasse était pâle comme la mort; Arlequin avait son habit en lambeaux; une souris avait pénétré dans la bosse de Polichinelle, et, comme le renard du jeune Spartiate, lui dévorait les entrailles; enfin le colonel des hussards était prisonnier avec une partie de son régiment, et, grâce aux chevaux des malheureux captifs, un corps de cavalerie souriquoise venait de s'organiser.

Il ne s'agissait donc plus, pour l'infortuné Casse-Noisette, de victoire; il ne s'agissait même plus de retraite, il ne s'agissait que de mourir. Casse-Noisette se mit à la tête d'un petit groupe d'hommes, décidés comme lui à vendre chèrement leur vie.

Pendant ce temps, la désolation régnait parmi les poupées : mademoiselle Claire et mademoiselle Rose se tordaient les bras, et jetaient les hauts cris.

— Hélas! disait mademoiselle Claire, me faudra-t-il mourir à la fleur de l'âge, moi, fille de roi, destinée à un si bel avenir?

— Hélas! disait mademoiselle Rose, me faudra-t-il tomber vivante au pouvoir de l'ennemi; et ne me suis-je si bien conservée que pour être rongée par d'immondes souris?

Les autres poupées couraient éplorées, et leurs cris se mêlaient aux lamentations des deux poupées principales.

Pendant ce temps, les affaires allaient de plus mal en plus mal pour Casse-Noisette : il venait d'être abandonné du peu d'amis qui lui étaient restés fidèles. Les débris de l'escadron de hussards s'étaient réfugiés dans l'armoire; les soldats de plomb étaient entièrement tombés au pouvoir de l'ennemi; il y avait longtemps que les artilleurs étaient trépassés; la garde civique était morte comme les trois cents Spartiates, sans reculer d'un pas. Casse-Noisette était acculé contre le rebord de l'armoire, qu'il tentait en vain d'escalader : il lui eût fallu pour cela l'aide de mademoiselle Claire ou de mademoiselle Rose; mais toutes deux avaient pris le parti de s'évanouir. Casse-Noisette fit un dernier effort, rassembla tous ses moyens, et cria, dans l'agonie du désespoir :

— Un cheval! un cheval! ma couronne pour un cheval!

Mais, comme la voix de Richard III, sa voix resta sans écho, ou plutôt elle le dénonça à l'ennemi. Deux tirailleurs se précipitèrent sur lui et le saisirent par son manteau de bois. Au même instant, on entendit la voix du roi des souris, qui criait par ses sept gueules :

— Sur votre tête, prenez-le vivant! Songez que j'ai ma mère à venger. Il faut que son supplice épouvante les Casse-Noisettes à venir!

Et, en même temps, le roi se précipita vers le prisonnier.

Mais Marie ne put supporter plus longtemps cet horrible spectacle.

— O mon pauvre Casse-Noisette! s'écria-t-elle en sanglotant; mon pauvre Casse-Noisette, que j'aime de tout mon cœur, te verrai-je donc périr ainsi!

Et, en même temps, d'un mouvement instinctif, sans se rendre compte de ce qu'elle faisait, Marie détacha son soulier de son pied, et, de toutes ses forces, elle le jeta au milieu de la mêlée, et cela si adroitement, que le terrible projectile atteignit le roi des souris, qui roula dans la poussière. Au même instant, roi et armée, vainqueurs et vaincus, disparurent comme anéantis. Marie ressentit à son bras blessé une douleur plus vive que jamais; elle voulut gagner un fauteuil pour s'asseoir; mais les forces lui manquèrent, et elle tomba évanouie.

LA MALADIE.

Lorsque Marie se réveilla de son sommeil léthargique, elle était couchée dans son petit lit, et le soleil pénétrait radieux et brillant à travers ses carreaux couverts de givre. A côté d'elle était assis un étranger qu'elle reconnut bientôt pour le chirurgien Vandelstern, et qui dit tout bas, aussitôt qu'elle eut ouvert les yeux :

— Elle est éveillée!

Alors la présidente s'avança et considéra sa fille d'un regard inquiet et effrayé.

— Ah! chère maman, s'écria la petite Marie en l'apercevant, toutes ces affreuses souris sont-elles parties, et mon pauvre Casse-Noisette est-i. sauvé?

— Pour l'amour du ciel! ma chère Marie, ne dis plus ces sottises. Qu'est-ce que les souris, je te le demande, ont à faire avec le casse-noisette? mais toi, méchante enfant, tu nous as fait à tous grand'-peur. Et tout cela arrive cependant quand les enfants sont volontaires et ne veulent pas obéir à leurs pare. ts. Tu as joué hier fort avant dans la nuit avec tes poupées; tu t'es probablement endormie, et il est possible qu'une petite souris t'ait effrayée; enfin, dans ta terreur, tu as donné du coude dans l'armoire à glace, et tu t'es tellement coupé le bras, que M. Wandelstern, qui vient de retirer les fragments de verre qui étaient restés dans ta blessure, prétend que tu as couru risque de te trancher l'artère et de mourir de la perte du sang. Dieu soit béni que je me sois réveillée, je ne sais à quelle heure, et que, me rappelant que je t'avais laissée au salon, j'y sois rentrée. Pauvre enfant, tu étais étendue par terre, près de l'armoire, et tout autour de toi, en désordre, les poupées, les pantins, les polichinelles, les soldats de plomb, les bonshommes de pain d'épice et les hussards de Fritz étendus pêle-mêle; tandis que, sur ton bras sanglant, tu tenais Casse-Noisette. Mais, d'où vient que tu étais déchaussée du pied gauche, et que ton soulier était à trois ou quatre pas de toi?

— Ah! petite mère, petite mère, répondit Marie en frissonnant encore à ce souvenir, c'était, vous le voyez bien, les traces de la grande bataille qui avait eu lieu entre les poupées et les souris; et, ce qui m'a tant effrayée, c'est de voir que les souris, victorieuses, allaient faire prisonnier le pauvre Casse-Noisette, qui commandait l'armée des poupées. C'est alors que je lançai mon soulier au roi des souris; puis je ne sais plus ce qui s'est passé.

Le chirurgien fit des yeux un signe à la présidente, et celle-ci dit doucement à Marie.

— Oublie tout cela, mon enfant, et tranquillise-toi. Toutes les souris sont parties, et le petit Casse-Noisette est dans l'armoire vitrée, joyeux et bien portant.

Alors le président entra à son tour dans la chambre, et causa longtemps avec le chirurgien. Mais, de toutes ses paroles, Marie ne put entendre que celle-ci :

— C'est du délire.

A ces mots, Marie devina que l'on doutait de son récit, et comme, elle-même, maintenant que le jour était revenu, comprenait parfaitement que l'on prît tout ce qui lui était arrivé pour une fable, elle n'insista pas davantage, se soumettant à tout ce qu'on voulait; car elle avait hâte de se lever pour faire une visite à son pauvre Casse-Noisette; mais elle savait qu'il s'était retiré sain et sauf de la bagarre, et, pour le moment, c'était tout ce qu'elle désirait savoir.

Cependant Marie s'ennuyait beaucoup : elle ne pouvait pas jouer, à cause de son bras blessé, et, quand elle voulait lire ou feuilleter ses livres d'images, tout tournait si bien devant ses yeux, qu'il fallait bientôt qu'elle renonçât à cette distraction. Le temps lui paraissait donc horriblement long, et elle attendait avec impatience le soir, parce que, le soir, sa mère venait s'asseoir près de son lit et lui racontait ou lui lisait des histoires.

Or, un soir, la présidente venait justement de raconter la délicieuse histoire du prince Facardin, quand la porte s'ouvrit, et que le parrain Drosselmayer passa sa tête en disant :

— Il faut pourtant que je voie par mes yeux comment va la pauvre malade.

Mais, dès que Marie aperçut le parrain Drosselmayer avec sa perruque de verre, son emplâtre sur l'œil et sa redingote jaune, le souvenir de cette nuit, où Casse-Noisette perdit la fameuse bataille contre les souris, se présenta si vivement à son esprit, qu'involontairement elle cria au conseiller de médecine :

— Oh! parrain Drosselmayer, tu as été horrible! je t'ai bien vu, va, quand tu étais à cheval sur la pendule, et que tu la couvrais de tes ailes pour que l'heure ne pût pas sonner; car le bruit de l'heure aurait fait fuir les souris. Je t'ai bien entendu appeler le roi aux sept têtes. Pourquoi n'es-tu pas venu au secours de mon pauvre Casse-Noisette, affreux parrain Drosselmayer? Hélas! en ne venant pas, tu es cause que je suis blessée et dans mon lit!

La présidente écoutait tout cela avec de grands yeux effarés; car elle croyait que la pauvre enfant retombait dans le délire. Aussi elle lui demanda tout épouvantée :

— Mais que dis-tu donc là, chère Marie? redeviens-tu folle?

— Oh! que non, reprit Marie; et le parrain Drosselmayer sait bien que je dis la vérité, lui.

Mais le parrain, sans rien répondre, faisait d'affreuses grimaces, comme un homme qui eût été sur des charbons ardents; puis, tout à coup, il se mit à dire d'une voix nazillarde et monotone :

Perpendicule
Doit faire rouron.
Avance et recule,
Brillant escadron!
L'horloge plaintive
Va sonner minuit;
La chouette arrive
Et le roi s'enfuit.
Perpendicule
Doit faire rouron,
Avance et recule,
Brillant escadron!

Marie regardait le parrain Drosselmayer avec des yeux de plus en plus hagards; car il lui semblait encore plus hideux que d'habitude. Elle aurait eu une peur atroce du parrain, si sa mère n'eût été présente, et si Fritz, qui venait d'entrer, n'eût interrompu cette étrange chanson par un éclat de rire.

— Sais-tu bien, parrain Drosselmayer, lui dit Fritz, que tu es extrêmement bouffon aujourd'hui? Tu fais des gestes comme mon vieux polichinelle, que j'ai jeté derrière le poêle, sans compter ta chanson, qui n'a pas le sens commun.

Mais la présidente demeura fort sérieuse.

— Cher monsieur le conseiller de médecine, dit-elle, voilà une singulière plaisanterie que celle que vous nous faites là, et qui me semble n'avoir d'autre but que de rendre Marie plus malade encore qu'elle ne l'est.

— Bah! répondit le parrain Drosselmayer, ne reconnaissez-vous pas, chère présidente, cette petite chanson de l'horloger que j'ai l'habitude de chanter quand je viens raccommoder vos pendules?

Et, en même temps, il s'assit tout contre le lit de Marie, et lui dit précipitamment :

— Ne sois pas en colère, chère enfant, de ce que je n'ai pas arraché de mes propres mains les quatorze yeux du roi des souris; mais je savais ce que je faisais, et aujourd'hui, comme je veux me raccommoder avec toi, je vais te raconter une histoire.

— Quelle histoire? demanda Marie.

— Celle de la noix Krakatuk et de la princesse Pirlipate. La connais-tu?

— Non, mon cher petit parrain, répondit la jeune fille, que cette offre raccommodait à l'instant même avec le mécanicien. Raconte donc, raconte.

— Cher conseiller, dit la présidente, j'espère que votre histoire ne sera pas aussi lugubre que votre chanson.

— Oh! non, chère présidente, répondit le parrain Drosselmayer; elle est, au contraire, extrêmement plaisante.

— Raconte donc, crièrent les enfants, raconte donc.

Et le parrain Drosselmayer commença ainsi :

HISTOIRE
DE
LA NOISETTE KRAKATUK
ET DE
LA PRINCESSE PIRLIPATE

Comment naquit la princesse Pirlipate, et quelle grande joie cette naissance donna à ses illustres parents.

Il y avait, dans les environs de Nuremberg, un petit royaume qui n'était ni la Prusse, ni la Pologne, ni la Bavière, ni le Palatinat, et qui était gouverné par un roi.

La femme de ce roi, qui, par conséquent, se trouvait être une reine, mit un jour au monde une petite fille, qui se trouva, par conséquent, princesse de naissance, et qui reçut le nom gracieux et distingué de Pirlipate.

On fit aussitôt prévenir le roi de cet heureux événement. Il accourut tout essoufflé, et, en voyant cette jolie petite fille couchée dans son berceau, la satisfaction qu'il ressentit d'être père d'une si charmante enfant le poussa tellement hors de lui, qu'il jeta d'abord de grands cris de joie, puis se prit à danser en rond, puis enfin à sauter à cloche-pied, en disant :

— Ah! grand Dieu! vous qui voyez tous les jours les anges, avez-vous jamais rien vu de plus beau que ma Pirlipatine?

Alors, comme, derrière le roi, étaient entrés les ministres, les généraux, les grands officiers, les présidents, les conseillers et les juges; tous, voyant le roi danser à cloche-pied, se mirent à danser comme le roi, en disant :

— Non, non, jamais, sire, non, non, jamais, il n'y a rien eu de si beau au monde que votre Pirlipatine.

Et, en effet, ce qui vous surprendra fort, mes chers enfants, c'est qu'il n'y avait dans cette réponse aucune flatterie; car, effectivement, depuis la création du monde, il n'était pas né un plus bel enfant que la princesse Pirlipate. Sa petite figure semblait tissue de délicats flocons de soie, roses comme les roses, et blancs comme les lis. Ses yeux étaient du plus étincelant azur, et rien n'était plus charmant que de voir les fils d'or de sa chevelure se réunir en boucles mignonnes, brillantes et frisées sur ses épaules, blanches comme l'albâtre. Ajoutez à cela que Pirlipate avait apporté, en venant au monde, deux rangées de petites dents, ou plutôt de véritables perles, avec lesquelles, deux heures après sa naissance, elle mordit si vigoureusement le doigt du grand chancelier, qui, ayant la vue basse, avait voulu la regarder de trop près, que, quoiqu'il appartînt à l'école des stoïques, il s'écria, disent les uns :

— Ah diantre!

Tandis que d'autres soutiennent, en l'honneur de la philosophie, qu'il dit seulement :

— Aïe! aïe! aïe!

Au reste, aujourd'hui encore, les voix sont partagées sur cette grande question, aucun des deux partis n'ayant voulu céder. Et la seule chose sur laquelle les *diantristes* et les *aïstes* soient demeurés d'accord, le seul fait qui soit resté incontestable, c'est que la princesse Pirlipate mordit le grand chancelier au doigt. Le pays apprit dès lors qu'il y avait autant d'esprit qu'il se trouvait de beauté dans le charmant petit corps de Pirlipatine.

Tout le monde était donc heureux dans ce royaume favorisé des cieux. La reine seule était extrêmement inquiète et troublée, sans que personne sût pourquoi. Mais ce qui frappa surtout les esprits, c'est le soin avec lequel cette mère craintive faisait garder le berceau de son enfant. En effet, toutes les portes étaient non-seulement occupées par les trabans de la garde, mais encore, outre les deux gardiennes qui se tenaient toujours près de la princesse,

Il y en avait encore six autres que l'on faisait asseoir autour du berceau, et qui se relayaient toutes les nuits. Mais, surtout, ce qui excitait au plus haut degré la curiosité, ce que personne ne pouvait comprendre, c'est pourquoi chacune de ces six gardiennes était obligée de tenir un chat sur ses genoux, et de le gratter toute la nuit afin qu'il ne cessât point de ruminer.

Je suis convaincu, mes chers enfants, que vous êtes aussi curieux que les habitants de ce petit royaume sans nom, de savoir pourquoi ces six gardiennes étaient obligées de tenir un chat sur leurs genoux, et de le gratter sans cesse pour qu'il ne cessât point de ruminer un seul instant; mais, comme vous chercheriez inutilement le mot de cette énigme, je vais vous le dire, afin de vous épargner le mal de tête qui ne pourrait manquer de résulter pour vous d'une pareille application.

Il arriva, un jour, qu'une demi-douzaine de souverains des mieux couronnés se donnèrent le mot pour faire en même temps une visite au père futur de notre héroïne; car, à cette époque, la princesse Pirlipate n'était pas encore née; ils étaient accompagnés de princes royaux, de grands-ducs héréditaires et de prétendants des plus agréables. Ce fut une occasion, pour le roi qu'ils visitaient, et qui était un monarque des plus magnifiques, de faire une large percée à son trésor et de donner force tournois, carrousels et comédies. Mais ce ne fut pas le tout. Après avoir appris, par le surintendant des cuisines royales, que l'astronome de la cour avait annoncé que le temps d'abattre les porcs était arrivé, et que la conjonction des astres annonçait que l'année serait favorable à la charcuterie, il ordonna de faire une grande tuerie de pourceaux dans ses basses-cours, et, montant dans son carrosse, il alla en personne prier, les uns après les autres, tous les rois et tous les princes résidant pour le moment dans sa capitale, de venir manger la soupe avec lui, voulant se ménager le plaisir de leur surprise à la vue du magnifique repas qu'il comptait leur donner; puis, en rentrant chez lui, il se fit annoncer chez la reine, et, s'approchant d'elle, il lui dit d'un ton câlin, avec lequel il avait l'habitude de lui faire faire tout ce qu'il voulait :

— Bien, chère amie, tu n'as pas oublié, n'est-ce pas, à quel point j'aime le boudin? n'est-ce pas, tu ne l'as pas oublié?

La reine comprit, du premier mot, ce que le roi voulait dire. En effet, Sa Majesté entendait tout simplement, par ces paroles insidieuses, qu'elle eût à se livrer, comme elle l'avait fait maintes fois, à la très-utile occupation de confectionner de ses mains royales la plus grande quantité possible de saucisses, d'andouilles et de boudins. Elle sourit donc à cette proposition de son mari; car, quoique exerçant fort honorablement la profession de reine, elle était moins sensible aux compliments qu'on lui faisait sur la dignité avec laquelle elle portait le sceptre et la couronne, que sur l'habileté avec laquelle elle faisait un pouding ou confectionnait un baba. Elle se contenta donc de faire une gracieuse révérence à son époux, en lui disant qu'elle était sa servante pour lui faire du boudin, comme pour toute autre chose.

Aussitôt le grand trésorier dut livrer aux cuisines royales le chaudron gigantesque en vermeil et les grandes casseroles d'argent destinés à faire le boudin et les saucisses. On alluma un immense feu de bois de sandal. La reine mit son tablier de cuisine de damas blanc, et bientôt les plus doux parfums s'échappèrent du chaudron. Cette délicieuse odeur se répandit aussitôt dans les corridors, pénétra rapidement dans toutes les chambres, et parvint enfin jusqu'à la salle du trône, où le roi tenait son conseil. Le roi était fin gourmet; aussi cette odeur lui fit-elle une vive impression de plaisir. Cependant, comme c'était un prince grave et qui avait la réputation d'être maître de lui, il résista quelque temps au sentiment d'attraction qui le poussait vers la cuisine; mais enfin, quel que fût son empire sur ses passions, il lui fallut céder au ravissement inexprimable qu'il éprouvait.

— Messieurs, s'écria-t-il en se levant, avec votre permission, je reviens dans un instant; attendez-moi.

Et, à travers les chambres et les corridors, il prit sa course vers la cuisine, serra la reine entre ses bras, remua le contenu du chaudron avec son sceptre d'or, y goûta du bout de la langue, et, l'esprit plus tranquille, il retourna au conseil et reprit, quoique un peu distrait, la question où il l'avait laissée.

Il avait quitté la cuisine juste au moment important où le lard, découpé par morceaux, allait être rôti sur des grils d'argent; la reine, encouragée par ses éloges, se livrait à cette importante occupation, et les premières gouttes de graisse tombaient en chantant sur les charbons, lorsqu'une petite voix chevrotante se fit entendre qui disait :

— Ma sœur, offre-moi donc une bribe de lard;
Car, étant reine aussi, je veux faire ripaille :
Et, mangeant rarement quelque chose qui vaille,
De ce friand rôti je désire ma part.

La reine reconnut aussitôt la voix qui lui parlait ainsi : c'était celle de dame Souriçonne.

Dame Souriçonne habitait depuis longues années le palais. Elle prétendait être alliée à la famille royale, et reine elle-même du royaume souriquois; c'est pourquoi elle tenait, sous l'âtre de la cuisine, une cour fort considérable.

La reine était une bonne et fort douce femme qui, tout en se refusant à reconnaître tout haut dame Souriçonne comme reine et comme sœur, avait tout bas pour elle une foule d'égards et de complaisances qui lui avaient souvent fait reprocher par son mari, plus aristocrate qu'elle, la tendance qu'elle avait à déroger; or, comme on le comprend bien, dans cette circonstance solennelle, elle ne voulut point refuser à sa jeune amie ce qu'elle demandait, et lui dit :

— Avancez, dame Souriçonne, avancez hardiment, et venez, je vous y autorise, goûter mon lard tant que vous voudrez.

Aussitôt dame Souriçonne apparut gaie et frétillante, et, sautant sur le foyer, saisit adroitement avec sa petite patte les morceaux de lard que la reine lui tendait les uns après les autres.

Mais voilà que, attirés par les petits cris de plaisir que poussait leur reine, et surtout par l'odeur succulente que répandait le lard grillé, arrivèrent, frétillant et sautillant aussi, d'abord les sept fils de dame Souriçonne, puis ses parents, puis ses alliés, tous fort mauvais coquins, effroyablement portés sur leur bouche, et qui s'en donnèrent sur le lard de telle façon, que la reine fut obligée, si hospitalière qu'elle fût, de leur faire observer que, s'ils allaient de ce train-là, il ne lui resterait plus de lard pour ses boudins. Mais, quelque juste que fût cette réclamation, les sept fils de dame Souriçonne n'en tinrent compte, et, donnant le mauvais exemple à leurs parents et à leurs alliés, ils se ruèrent, malgré les représentations de leur mère et de leur reine, sur le lard de leur tante, qui allait disparaître entièrement, lorsque, aux cris de la reine, qui ne pouvait plus venir à bout de chasser ses hôtes importuns, accourut la surintendante, laquelle appela le chef des cuisines, lequel appela le chef des marmitons, lesquels accoururent armés de vergettes, d'éventails et de balais, et parvinrent à faire rentrer sous l'âtre tout le peuple souriquois. Mais la victoire, quoique complète, était trop tardive; à peine restait-il le quart du lard nécessaire à la confection des andouilles, des saucisses et des boudins, lequel reliquat fut, d'après les indications du mathématicien du roi, qu'on avait envoyé chercher en toute hâte, scientifiquement réparti entre le grand chaudron à boudins et les deux grandes casseroles à andouilles et à saucisses.

Une demi-heure après cet événement, le canon retentit, les clairons et les trompettes sonnèrent, et l'on vit arriver tous les potentats, tous les princes royaux, tous les ducs héréditaires et tous les prétendants qui étaient dans le pays, vêtus de leurs plus magnifiques habits; les uns traînés dans des carrosses de cristal, les autres montés sur leurs chevaux de parade. Le roi les attendait sur le perron du palais, et les reçut avec la plus aimable courtoisie et la plus gracieuse cordialité; puis, les ayant conduits dans la salle à manger, il s'assit au haut bout en sa qualité de seigneur suzerain, ayant la couronne sur la tête et le sceptre à la main, invitant les autres monarques à prendre chacun la place que lui assignait son rang parmi les têtes couronnées, les princes royaux, les ducs héréditaires ou les prétendants.

La table était somptueusement servie, et tout alla bien pendant le potage et le relevé. Mais, au service des andouilles, on remarqua que le prince paraissait agité; à celui des saucisses, il pâlit considérablement; enfin, à celui des boudins, il leva les yeux au ciel, des soupirs s'échappèrent de sa poitrine, une douleur terrible parut déchirer son âme; enfin il se renversa sur le dos de son fauteuil, couvrit son visage de ses deux mains, se désespérant et sanglotant d'une façon si lamentable, que chacun se leva de sa place et l'entoura avec la plus vive inquiétude. En effet, la crise paraissait des plus graves : le chirurgien de la cour cherchait inutilement le pouls du malheureux monarque, qui paraissait être sous le poids de la plus profonde, de la plus affreuse et de la plus inouïe des calamités. Enfin, après que les remèdes les plus violents, pour le faire revenir à lui, eurent été employés, tels que plumes brûlées, sels anglais et clefs dans le dos, le roi parut reprendre quelque peu ses esprits, entr'ouvrit ses yeux éteints, et, d'une voix si faible, qu'à peine si on put l'entendre, il balbutia ce peu de mots :

— Pas assez de lard!...

A ces paroles, ce fut à la reine de pâlir à son tour. Elle se précipita à ses genoux, s'écriant d'une voix entrecoupée par ses sanglots :

— O mon malheureux, infortuné et royal époux! Quel chagrin ne vous ai-je pas causé pour n'avoir pas écouté les remontrances que vous m'avez déjà faites si souvent; mais vous voyez la coupable à vos genoux, et vous pouvez la punir aussi durement qu'il vous conviendra.

— Qu'est-ce à dire? demanda le roi; et que s'est-il donc passé qu'on ne m'a pas dit?

— Hélas! hélas! répondit la reine, à qui son mari n'avait jamais parlé si rudement; hélas! c'est dame Souriçonne, avec ses sept fils, avec ses neveux, ses cousins et ses alliés qui a dévoré tout le lard!

Mais la reine n'en put dire davantage : les forces lui manquèrent, elle tomba à la renverse, et s'évanouit.

Alors le roi se leva furieux, et s'écria d'une voix terrible :

— Madame la surintendante, que signifie cela?

Alors la surintendante raconta ce qu'elle savait, c'est-à-dire que, accourue aux cris de la reine, elle avait vu Sa Majesté aux prises avec toute la famille de dame Souriçonne, et qu'alors, à son tour, elle avait appelé le chef, qui, avec l'aide de ses marmitons, était parvenu à faire rentrer tous les pillards sous l'âtre.

Aussitôt le roi, voyant qu'il s'agissait d'un crime de lèse-majesté, rappela toute sa dignité et tout son calme, ordonnant, vu l'énormité du forfait, que son conseil intime fût rassemblé à l'instant même, et que l'affaire fût exposée à ses plus habiles conseillers.

En conséquence, le conseil fut réuni, et l'on y décida, à la majorité des voix, que dame Souriçonne étant accusée d'avoir mangé le lard destiné aux saucisses, aux boudins et aux andouilles du roi, son procès lui serait fait, et que, si elle était coupable, elle serait à tout jamais exilée du royaume, elle et sa race, et que ce qu'elle y possédait de biens, terres, châteaux, palais, résidences royales, tout serait confisqué.

Mais alors le roi fit observer à son conseil intime et à ses habiles conseillers que, pendant le temps que durerait le procès, dame Souriçonne et sa famille auraient tout le temps de manger son lard, ce qui l'exposerait à des avanies pareilles à celle qu'il venait de subir en présence de six têtes couronnées, sans compter les princes royaux, les ducs héréditaires et les prétendants : il demandait donc qu'un pouvoir discrétionnaire lui fût accordé à l'égard de dame Souriçonne et de sa famille.

Le conseil alla aux voix pour la forme, comme on le pense bien, et le pouvoir discrétionnaire que demandait le roi lui fut accordé.

Alors il envoya une de ses meilleures voitures, précédée d'un courrier pour faire plus grande diligence, à un très-habile mécanicien qui demeurait dans la ville de Nuremberg, et qui s'appelait Christian-Élias Drosselmayer, invitant le susdit mécanicien à le venir trouver à l'instant même dans son palais, pour affaire urgente. Christian-Élias Drosselmayer obéit aussitôt; car c'était un homme véritablement artiste, qui ne doutait pas qu'un roi aussi renommé ne l'envoyât chercher pour lui confectionner quelque chef-d'œuvre. Et, étant monté en voiture, il courut jour et nuit jusqu'à ce qu'il fût en présence du roi. Il s'était même tellement pressé, qu'il n'avait pas eu le temps de se mettre un habit, et qu'il était venu avec la redingote jaune qu'il portait habituellement. Mais, au lieu de se fâcher de cet oubli de l'étiquette, le roi lui en sut gré; car, s'il avait commis une faute, l'illustre mécanicien l'avait commise pour obéir sans retard aux commandements de Sa Majesté.

Le roi fit entrer Christian-Élias Drosselmayer dans son cabinet, et lui exposa la situation des choses; comment il était décidé à faire un grand exemple en purgeant tout son royaume de la race souriquoise, et comment, prévenu par sa grande renommée, il avait jeté les yeux sur lui pour le faire l'exécuteur de sa justice; n'ayant qu'une crainte, c'est que le mécanicien, si habile qu'il fût, ne vît des difficultés insurmontables au projet que la colère royale avait conçu.

Mais Christian-Élias Drosselmayer rassura le roi, et lui promit que, avant huit jours, il ne resterait pas une souris dans tout le royaume.

En effet, le même jour, il se mit à confectionner d'ingénieuses petites boîtes oblongues, dans l'intérieur desquelles il attacha, au bout d'un fil de fer, un morceau de lard. En tirant le lard, le voleur, quel qu'il fût, faisait tomber la porte derrière lui, et se trouvait prisonnier. En moins d'une semaine, cent boîtes pareilles étaient confectionnées et placées non-seulement sous l'âtre, mais dans tous les greniers et dans toutes les caves du palais.

Dame Souriçonne était infiniment trop sage et trop pénétrante, pour ne pas découvrir du premier coup d'œil la ruse de maître Drosselmayer. Elle rassembla donc ses sept fils, leurs neveux et ses cousins, pour les prévenir du guet-apens qu'on tramait contre eux. Mais, après avoir eu l'air de l'écouter à cause du respect qu'ils devaient à son rang et de la condescendance que commandait son âge, ils se retirèrent en riant de ses terreurs, et, attirés par l'odeur du lard rôti, plus forte que toutes les représentations qu'on leur pouvait faire, ils se résolurent à profiter de la bonne aubaine qui leur arrivait sans qu'ils sussent d'où.

Au bout de vingt-quatre heures, les sept fils de dame Souriçonne, dix-huit de ses neveux, cinquante de ses cousins, et deux cent trente-cinq de ses parents à différents degrés, sans compter des milliers de ses sujets, étaient pris dans les souricières, et avaient été honteusement exécutés.

Alors dame Souriçonne, avec les débris de sa cour et les restes de son peuple, résolut d'abandonner ces lieux ensanglantés par le massacre des siens. Le bruit de cette résolution transpira et parvint jusqu'au roi. Sa Majesté s'en félicita tout haut, et les poëtes de la cour firent force sonnets sur sa victoire, tandis que les courtisans l'égalaient à Sésostris, à Alexandre et à César.

La reine seule était triste et inquiète; elle connaissait dame Souriçonne, et elle se doutait bien qu'elle ne laisserait pas la mort de ses fils et de ses proches sans vengeance. En effet, au moment où la reine, pour faire oublier au roi la faute qu'elle avait commise, préparait pour lui, de ses propres mains, une purée de foie dont il était fort friand, dame Souriçonne parut tout à coup devant elle, et lui dit :

— Tués par ton époux, sans crainte ni remords,
Mes enfants, mes neveux et mes cousins sont morts;
Mais tremble, madame la reine!
Que l'enfant qu'en ton sein tu portes en ce jour,
Et qui sera bientôt l'objet de ton amour,
Soit déjà celui de ma haine.

Ton époux a des forts, des canons, des soldats,
Des mécaniciens, des conseillers d'États,
Des ministres, des souricières.
La reine des souris n'a rien de tout cela;
Mais le ciel lui fit don des dents que tu vois là
Pour dévorer les héritières.

Là-dessus, elle disparut, et personne ne l'avait revue depuis. Mais la reine, qui, en effet, s'était aperçue depuis quelques jours qu'elle était enceinte, fut si épouvantée de cette prédiction, qu'elle laissa tomber la purée de foie dans le feu.

Ainsi, pour la seconde fois, dame Souriçonne priva le roi d'un de ses mets favoris; ce qui le mit fort en colère et le fit s'applaudir encore davantage du coup d'État qu'il avait si heureusement accompli.

Il va sans dire que Christian-Élias Drosselmayer fut renvoyé avec une splendide récompense, et rentra triomphant à Nuremberg.

Comment, malgré toutes les précautions prises par la reine, dame Souriçonne accomplit sa menace à l'endroit de la princesse Pirlipate.

Maintenant, mes chers enfants, vous savez aussi bien que moi, n'est-ce pas, pourquoi la reine faisait garder avec tant de soin la miraculeuse petite princesse Pirlipate : elle craignait la vengeance de dame Souriçonne; car, d'après ce que dame Souriçonne avait dit, il ne s'agissait pas moins, pour l'héritière de l'heureux petit royaume sans nom, que de la perte de sa vie ou tout au moins de sa beauté; ce qui, assure-t-on, pour une femme, est bien pis encore. Ce qui redoublait surtout l'inquiétude de la tendre mère, c'est que les machines de maître Drosselmayer ne pouvaient absolument rien contre l'expérience de dame Souriçonne. Il est vrai que l'astronome de la cour, qui était en même temps grand augure et grand astrologue, craignant qu'on ne supprimât sa charge comme inutile, s'il ne donnait pas son mot dans cette affaire, prétendit avoir lu dans les astres, d'une manière certaine, que la famille de l'illustre chat Murr était seule en état de défendre le berceau de l'approche de dame Souriçonne. C'est pour cela que chacune des six gardiennes fut forcée de tenir sans cesse sur ses genoux un des mâles de cette famille, qui, au reste, étaient attachés à la cour en qualité de secrétaires intimes de légation, et devait, par un grattement délicat et prolongé, adoucir à ces jeunes diplomates le pénible service qu'ils rendaient à l'État.

Mais, un soir, il y a des jours, comme vous le savez, mes enfants, où l'on se réveille tout endormi, un soir, malgré tous les efforts que firent les six gardiennes qui se tenaient autour de la chambre, chacune un chat sur ses genoux, et les deux surgardiennes intimes qui étaient assises au chevet de la princesse, elles sentirent le sommeil s'emparer d'elles progressivement. Or, comme chacune absorbait ses propres sensations en elle-même, se gardant bien de les confier à ses compagnes, dans l'espérance que celles-ci ne s'apercevraient pas de son manque de vigilance, et veilleraient à sa place tandis qu'elle dormirait, il en résulta que les yeux se fermèrent successivement, que les mains qui grattaient les matous s'arrêtèrent à leur tour, et que les matous, n'étant plus grattés, profitèrent de la circonstance pour s'assoupir.

Nous ne pourrions pas dire depuis combien de temps durait cet étrange sommeil, lorsque, vers minuit, une des surgardiennes intimes s'éveilla en sursaut. Toutes les personnes qui l'entouraient semblaient tombées en léthargie ; pas le moindre ronflement; les respirations elles-mêmes étaient arrêtées; partout régnait un silence de mort, au milieu duquel on n'entendait que le bruit du ver piquant le bois. Mais que devint la surgardienne intime, en voyant près d'elle une grande et horrible souris qui, dressée sur ses pattes de derrière, avait plongé sa tête dans le berceau de Pirlipatine, et paraissait fort occupée à ronger le visage de la princesse? Elle se leva en poussant un cri de terreur. A ce cri, tout le monde se réveilla ; mais dame Souriçonne, car c'était bien elle, s'élança vers un des coins de la chambre. Les conseillers intimes de légation se précipitèrent après elles; hélas! il était trop tard : dame Souriçonne avait disparu par une fente du plancher. Au même instant, la princesse Pirlipate, réveillée par toute cette rumeur, se mit à pleurer. A ces cris, les gardiennes et les surgardiennes répondirent par des exclamations de joie.

Dieu soit loué! disaient-elles. Puisque la princesse Pirlipate crie, c'est qu'elle n'est pas morte.

Et alors elles accoururent au berceau; mais leur désespoir fut grand lorsqu'elles virent ce qu'était devenue cette délicate et charmante créature!

En effet, à la place de ce visage blanc et rose, de cette petite tête aux cheveux d'or, de ces yeux d'azur, miroir du ciel, était plantée une immense et difforme tête sur un corps contrefait et ratatiné. Ses deux beaux yeux avaient perdu leur couleur céleste, et s'épanouissaient verts, fixes et hagards, à fleur de tête. Sa petite bouche s'était étendue d'une oreille à l'autre, et son menton s'était couvert d'une barbe cotonneuse et frisée, on ne peut plus convenable pour un vieux polichinelle, mais hideuse pour une jeune princesse.

En ce moment, la reine entra; les six gardiennes ordinaires et les deux surgardiennes intimes se jetèrent la face contre terre, tandis que les six conseillers de légation regardaient s'il n'y avait pas quelque fenêtre ouverte pour gagner les toits.

Le désespoir de la pauvre mère fut quelque chose d'affreux. On l'emporta évanouie dans la chambre royale.

Mais c'est le malheureux père dont la douleur faisait surtout peine à voir, tant elle était morne et profonde. On fut obligé de mettre des cadenas à ses croisées pour qu'il ne se précipitât point par la fenêtre, et de ouater son appartement pour qu'il ne se brisât point la tête contre les murs. Il va sans dire qu'on lui retira son épée, et qu'on ne laissa traîner devant lui ni couteau ni fourchette, ni aucun instrument tranchant ou pointu. Cela était d'autant plus facile qu'il ne mangea point pendant les deux ou trois premiers jours, ne cessant de répéter :

— O monarque infortuné que je suis! ô destin cruel que tu es!

Peut-être, au lieu d'accuser le destin, le roi eût-il dû penser que, comme tous les hommes le sont ordinairement, il avait été l'artisan de ses propres malheurs, attendu que, s'il avait su manger ses boudins avec un peu de lard de moins que d'habitude, et que, renonçant à la vengeance, il eût laissé dame Souriçonne et sa famille sous l'âtre, ce malheur qu'il déplorait ne serait point arrivé. Mais nous devons dire que les pensées du royal père de Pirlipate ne prirent aucunement cette direction philosophique.

Au contraire, dans la nécessité où se croient toujours les puissants de rejeter les calamités qui les frappent sur de plus petits qu'eux, il rejeta la faute sur l'habile mécanicien Christian-Élias Drosselmayer. Et, bien convaincu que, s'il lui faisait dire de revenir à la cour pour y être pendu ou décapité, celui-ci se garderait bien de se rendre à l'invitation, il le fit inviter, au contraire, à venir recevoir un nouvel ordre que Sa Majesté avait créé, rien que pour les hommes de lettres, les artistes et les mécaniciens. Maître Drosselmayer n'était pas exempt d'orgueil; il pensa qu'un ruban ferait bien sur sa redingote jaune, et se mit immédiatement en route; mais sa joie se changea bientôt en terreur : à la frontière du royaume, des gardes l'attendaient, qui s'emparèrent de lui, et le conduisirent de brigade en brigade jusqu'à la capitale.

Le roi, qui craignait sans doute de se laisser attendrir, ne voulut pas même recevoir maître Drosselmayer lorsqu'il arriva au palais; mais il le fit conduire immédiatement près du berceau de Pirlipate, faisant signifier au mécanicien que si, de ce jour en un mois, la princesse n'était point rendue à son état naturel, il lui ferait impitoyablement trancher la tête.

Maître Drosselmayer n'avait point de prétention à l'héroïsme, et n'avait jamais compté mourir que de sa belle mort, comme on dit; aussi fut-il fort effrayé de la menace; mais, néanmoins, se confiant bientôt dans sa science, dont sa modestie personnelle ne l'avait jamais empêché d'apprécier l'étendue, il se rassura quelque peu, et s'occupa immédiatement de la première et de la plus utile opération, qui était celle de s'assurer si le mal pouvait céder à un remède quelconque, ou était véritablement incurable, comme il avait cru le reconnaître dès le premier abord.

A cet effet, il démonta fort adroitement d'abord la tête, puis, les uns après les autres, tous les membres de la princesse Pirlipate, détacha ses pieds et ses mains pour en examiner plus à son aise non-seulement les jointures et les ressorts, mais encore la construction intérieure. Mais, hélas! plus il pénétra dans le mystère de l'organisation pirlipatine, mieux il découvrit que plus la princesse grandirait, plus elle deviendrait hideuse et difforme; il rattacha donc avec soin les membres de Pirlipate, et, ne sachant plus que faire ni que devenir, il se laissa aller, près du berceau de la princesse, qu'il ne devait plus quitter jusqu'à ce qu'elle eût repris sa première forme, à une profonde mélancolie.

Déjà la quatrième semaine était commencée, et l'on en était arrivé au mercredi, lorsque, selon son habitude, le roi entra pour voir s'il ne s'était pas opéré quelque changement dans l'extérieur de la princesse, et, voyant qu'il était toujours le même, s'écria, en menaçant le mécanicien de son sceptre :

— Christian-Élias Drosselmayer, prends garde à toi! tu n'as plus que trois jours pour me rendre ma fille telle qu'elle était; et, si tu t'entêtes à ne pas la guérir, c'est dimanche prochain que tu seras décapité.

Maître Drosselmayer, qui ne pouvait guérir la princesse, non point par entêtement, mais par impuissance, se mit à pleurer amèrement, regardant, avec ses yeux noyés de larmes, la princesse Pirlipate, qui croquait une noisette aussi joyeusement que si elle eût été la plus jolie fille de la terre. Alors, à cette vue attendrissante, le mécanicien fut, pour la première fois, frappé du goût particulier que la princesse avait, depuis sa naissance, manifesté pour les noisettes, et de la singulière circonstance qui l'avait fait naître avec des dents. En effet, aussitôt sa transformation, elle s'était mise à crier, et elle avait continué de se livrer à cet exercice jusqu'au moment où, trouvant une aveline sous sa main, elle la cassa, en mangea l'amande, et s'endormit tranquillement. Depuis ce temps-là, les deux surgardiennes intimes avaient eu le soin d'en bourrer leurs poches, et de lui en donner une ou plusieurs aussitôt qu'elle faisait la grimace.

— O instinct de la nature! éternelle et impénétrable sympathie de tous les êtres créés! s'écria Christian-Élias Drosselmayer, tu m'indiques la porte qui mène à la découverte de tes mystères; j'y frapperai, et elle s'ouvrira!

A ces mots, qui surprirent fort le roi, le mécanicien se retourna et demanda à Sa Majesté la faveur d'être conduit à l'astronome de la cour; le roi y consentit, mais à la condition que ce serait sous bonne escorte. Maître Drosselmayer eût sans doute mieux aimé faire cette course seul; cependant, comme, dans cette circonstance, il n'avait pas le moins du monde son libre arbitre, il lui fallut souffrir ce qu'il ne pouvait empêcher, et traverser les rues de la capitale escorté comme un malfaiteur.

Arrivé chez l'astrologue, maître Drosselmayer se jeta dans ses bras, et tous deux s'embrassèrent avec des torrents de larmes, car ils étaient connaissances de vieille date, et s'aimaient fort; puis ils se retirèrent dans un cabinet écarté, et feuilletèrent ensemble une quantité innombrable de livres qui traitaient de l'instinct, des sympathies, des antipathies, et d'une foule d'autres choses non moins mystérieuses. Enfin, la nuit étant venue, l'astrologue monta sur sa tour, et, aidé de maître Drosselmayer, qui était lui-même fort habile en pareille matière, découvrit, malgré l'embarras des lignes qui s'entre-croisaient sans-cesse, que, pour rompre le charme qui rendait Pirlipate hideuse, et pour qu'elle redevînt aussi belle qu'elle l'avait été, elle n'avait qu'une chose à faire : c'était de manger l'amande de la noisette Krakatuk, laquelle avait une enveloppe tellement dure, que la roue d'un canon de quarante-huit pouvait passer sur elle sans la rompre. En outre, il fallait que cette coquille fût brisée en présence de la princesse par les dents d'un jeune homme qui n'eût jamais été rasé, et qui n'eût encore porté que des bottes. Enfin, l'amande devait être présentée par lui à la princesse, les yeux fermés, et, les yeux fermés toujours, il devait alors faire sept pas à reculons et sans trébucher. Telle était la réponse des astres.

Drosselmayer et l'astronome avaient travaillé sans relâche, durant trois jours et trois nuits, à éclaircir toute cette mystérieuse affaire. On en était précisément au samedi soir, et le roi achevait son dîner et entamait même le dessert, lorsque le mécanicien, qui devait être décapité le lendemain au point du jour, entra dans la salle à manger royale, plein de joie et d'allégresse, annonçant qu'il avait enfin trouvé le moyen de rendre à la princesse Pirlipate sa beauté perdue. A cette nouvelle, le roi le serra dans ses bras avec la bienveillance la plus touchante, et demanda quel était ce moyen.

Le mécanicien fit part au roi du résultat de sa consultation avec l'astrologue.

— Je le savais bien, maître Drosselmayer, s'écria le roi, que tout ce que vous en faisiez, ce n'était que par entêtement. Ainsi, c'est convenu; aussitôt après le dîner, on se mettra à l'œuvre. Ayez donc soin, très-cher mécanicien, que, dans dix minutes, le jeune homme non rasé soit là, chaussé de ses bottes, et la noisette Krakatuk à la main. Surtout veillez à ce que, d'ici là, il ne boive pas de vin, de peur qu'il ne trébuche en faisant, comme une écrevisse, ses sept pas en arrière; mais, une fois l'opération achevée dites-lui que je mets ma cave à sa disposition et qu'il pourra se griser tout à son aise.

Mais, au grand étonnement du roi, maître Drosselmayer parut consterné en entendant ce discours; et, comme il gardait le silence, le roi insista pour savoir pourquoi il se taisait et restait immobile à sa place, au lieu de se mettre en course pour exécuter ses ordres souverains. Mais le mécanicien, se jetant à genoux :

— Sire, dit-il, il est bien vrai que nous avons trouvé le moyen de guérir la princesse, et que ce moyen consiste à lui faire manger l'amande de la noisette Krakatuk, lorsqu'elle aura été cassée par un jeune homme à qui on n'aura jamais fait la barbe, et qui, depuis sa naissance, aura toujours porté des bottes; mais nous ne possédons ni le jeune homme ni la noisette; mais nous ne savons pas où les trouver, et, selon toute probabilité, nous ne trouverons que bien difficilement la noisette et le casse-noisette.

A ces mots, le roi, furieux, brandit son sceptre au-dessus de la tête du mécanicien, en s'écriant :

— Eh bien, va donc pour la mort!

Mais la reine, de son côté, vint s'agenouiller près de Drosselmayer, et fit observer à son auguste époux qu'en tranchant la tête au mécanicien, on perdait jusqu'à cette lueur d'espoir que l'on conservait en le laissant vivre; que toutes les probabilités étaient que celui qui avait trouvé l'horoscope trouverait la noisette et le casse-noisette; qu'on devait d'autant plus croire à cette nouvelle prédiction de l'astrologue, qu'aucune de ses prédictions ne s'était réalisée jusque-là, et qu'il fallait bien que ses prédictions se réalisassent un jour, puisque le roi, qui ne pouvait se tromper, l'avait nommé son grand augure; qu'enfin la princesse Pirlipate, ayant trois mois à peine, n'était point en âge d'être mariée, et ne le serait probablement qu'à l'âge de quinze ans, que, par conséquent, maître Drosselmayer et son ami l'astrologue avaient quatorze ans et neuf mois devant eux pour chercher la noisette Krakatuk et le jeune homme qui devait la casser; que, par conséquent encore, on pouvait accorder à Christian-Élias Drosselmayer un délai, au bout duquel il reviendrait se remettre entre les mains du roi, qu'il fût ou non possesseur du double remède qui devait guérir la princesse : dans le premier cas, pour être décapité sans miséricorde; dans le second, pour être récompensé généreusement.

Le roi, qui était un homme très-juste, et qui, ce jour-là surtout, avait parfaitement dîné de ses deux mets favoris, c'est-à-dire d'un plat de boudin et d'une purée de foie, prêta une oreille bienveillante à la prière de sa sensible et magnanime épouse; il décida donc qu'à l'instant même le mécanicien et l'astrologue se mettraient à la recherche de la noisette et du casse-noisette, recherche pour laquelle il leur accordait quatorze ans et neuf mois; mais cela, à la condition qu'à l'expiration de ce sursis, tous deux reviendraient se remettre en son pouvoir, pour, s'ils revenaient les mains vides, qu'il fût fait d'eux selon son bon plaisir royal.

Si, au contraire, ils rapportaient la noisette Krakatuk, qui devait rendre à la princesse Pirlipate sa beauté primitive, ils recevraient, l'astrologue, une pension viagère de mille thalers et une lunette d'honneur, et le mécanicien, une épée de diamants, l'ordre de l'Araignée d'or, qui était le grand ordre de l'État, et une redingote neuve.

Quant au jeune homme qui devait casser la noisette, le roi en était moins inquiet, et prétendait qu'on parviendrait toujours à se le procurer au moyen d'insertions réitérées dans les gazettes indigènes et étrangères.

Touché de cette magnanimité, qui diminuait de moitié la difficulté de sa tâche, Christian-Élias Drosselmayer engagea sa parole qu'il trouverait la noisette Krakatuk, ou qu'il reviendrait, comme un autre Régulus, se remettre entre les mains du roi.

Le soir même, le mécanicien et l'astrologue quittèrent la capitale du royaume pour commencer leurs recherches.

Comment le mécanicien et l'astrologue parcoururent les quatre parties du monde et en découvrirent une cinquième, sans trouver la noisette Krakatuk.

Il y avait déjà quatorze ans et cinq mois que l'astrologue et le mécanicien erraient par les chemins, sans qu'ils eussent rencontré vestige de ce qu'ils cherchaient. Ils avaient visité d'abord l'Europe, puis ensuite l'Amérique, puis ensuite l'Afrique, puis ensuite l'Asie; ils avaient même découvert une cinquième partie du monde, que les savants ont appelée depuis la Nouvelle-Hollande, parce qu'elle avait été découverte par deux Allemands; mais, dans toute cette pérégrination, quoiqu'ils eussent vu bien des noisettes de différentes formes et de différentes grosseurs, ils n'avaient pas rencontré la noisette Krakatuk. Ils avaient cependant, dans une espérance, hélas! infructueuse, passé des années à la cour du roi des dattes et du prince des amandes; ils avaient consulté inutilement la célèbre académie des singes verts, et la fameuse société naturaliste des écureuils; puis enfin ils en étaient arrivés à tomber, écrasés de fatigue, sur la lisière de la grande forêt qui borde le pied des monts Himalaya, en se répétant, avec découragement, qu'ils n'avaient plus que cent vingt-deux jours pour trouver ce qu'ils avaient cherché inutilement pendant quatorze ans et cinq mois.

Si je vous racontais, mes chers enfants, les aventures miraculeuses qui arrivèrent aux deux voyageurs pendant cette longue pérégrination, j'en aurais moi-même pour un mois au moins à vous réunir tous les soirs, ce qui finirait certainement par vous ennuyer. Je vous dirai donc seulement que Christian-Élias Drosselmayer, qui était le plus acharné à la recherche de la fameuse noisette, puisque de la fameuse noisette dépendait sa tête, s'étant livré à plus de fatigues et s'étant exposé à plus de dangers que son compagnon, avait perdu tous ses cheveux, à l'occasion d'un coup de soleil reçu sous l'équateur, et l'œil droit, à la suite d'un coup de flèche que lui avait adressé un chef caraïbe; de plus, sa redingote jaune, qui n'était déjà plus neuve lorsqu'il était parti d'Allemagne, s'en allait littéralement en lambeaux. Sa situation était donc des plus déplorables, et cependant, tel est chez l'homme l'amour de la vie, que, tout détérioré qu'il était par les avaries successives qui lui étaient arrivées, il voyait avec une terreur toujours croissante le moment d'aller se remettre entre les mains du roi.

Cependant, le mécanicien était homme d'honneur; il n'y avait pas à marchander avec une promesse aussi solennelle que l'était la sienne. Il résolut donc, quelque chose qu'il pût lui en coûter, de se remettre en route dès le lendemain pour l'Allemagne. En effet, il n'y avait pas de temps à perdre, quatorze ans et cinq mois s'étaient écoulés, et les deux voyageurs n'avaient plus que cent vingt-deux jours, ainsi que nous l'avons dit, pour revenir dans la capitale du père de la princesse Pirlipate.

Christian-Élias Drosselmayer fit donc part à son ami l'astrologue de sa généreuse résolution, et tous deux décidèrent qu'ils partiraient le lendemain matin.

En effet, le lendemain, au point du jour, les deux voyageurs se remirent en route, se dirigeant sur Bagdad; de Bagdad, ils gagnèrent Alexandrie; à Alexandrie, ils s'embarquèrent pour Venise; puis, de Venise, ils gagnèrent le Tyrol, et, du Tyrol, ils descendirent dans le royaume du père de Pirlipate, espérant tout doucement, au fond du cœur, que ce monarque serait mort, ou, tout au moins, tombé en enfance.

Mais, hélas! il n'en était rien: en arrivant dans la capitale, le malheureux mécanicien apprit que le digne souverain, non-seulement n'avait perdu aucune de ses facultés intellectuelles, mais encore qu'il se portait mieux que jamais; il n'y avait donc aucune chance pour lui, — à moins que la princesse Pirlipate ne se fût guérie toute seule de sa laideur, ce qui n'était pas possible, ou que le cœur du roi ne se fût adouci, ce qui n'était pas probable, — d'échapper au sort affreux qui le menaçait.

Il ne s'en présenta pas moins hardiment à la porte du palais; car il était soutenu par cette idée qu'il faisait une action héroïque, et demanda à parler au roi.

Le roi, qui était un prince très-accessible et qui recevait tous ceux qui avaient affaire à lui, ordonna à son grand introducteur de lui amener les deux étrangers.

Le grand introducteur fit alors observer à Sa Majesté que ces deux étrangers avaient fort mauvaise mine, et étaient on ne peut plus mal vêtus. Mais le roi répondit qu'il ne fallait pas juger le cœur par le visage, et que l'habit ne faisait pas le moine.

Sur quoi, le grand introducteur, ayant reconnu la réalité de ces deux proverbes, s'inclina respectueusement et alla chercher le mécanicien et l'astrologue.

Le roi était toujours le même, et ils le reconnurent tout d'abord; mais ils étaient si changés, surtout le pauvre Christian-Élias Drosselmayer, qu'ils furent obligés de se nommer.

En voyant revenir d'eux-mêmes les deux voyageurs, le roi éprouva un mouvement de joie; car il était convenu qu'ils ne reviendraient pas s'ils n'avaient pas trouvé la noisette Krakatuk; mais il fut bientôt détrompé, et le mécanicien, en se jetant à ses pieds, lui avoua que, malgré les recherches les plus consciencieuses et les plus assidues, son ami l'astrologue et lui revenaient les mains vides.

Le roi, nous l'avons dit, quoique d'un tempérament un peu colérique, avait le fond du caractère excellent; il fut touché de cette ponctualité de Christian-Élias Drosselmayer à tenir sa parole, et il commua la peine de mort qu'il avait portée contre lui en celle d'une prison éternelle. Quant à l'astrologue, il se contenta de l'exiler.

Mais, comme il restait encore trois jours pour que les quatorze ans et neuf mois de délai accordés par le roi fussent écoulés, maître Drosselmayer, qui avait au plus haut degré dans le cœur l'amour de la patrie, demanda au roi la permission de profiter de ces trois jours pour revoir une fois encore Nuremberg.

Cette demande parut si juste au roi, qu'il la lui accorda sans y mettre aucune restriction.

Maître Drosselmayer, qui n'avait que trois jours à lui, résolut de mettre le temps à profit, et, ayant trouvé par bonheur des places à la malle-poste, il partit à l'instant même.

Or, comme l'astrologue était exilé, et qu'il lui était aussi égal d'aller à Nuremberg qu'ailleurs, il partit avec le mécanicien.

Le lendemain, vers les dix heures du matin, ils étaient à Nuremberg. Comme il ne restait à maître Drosselmayer d'autre parent que Christophe-Zacharias Drosselmayer, son frère, lequel était un des premiers marchands de jouets d'enfant de Nuremberg, ce fut chez lui qu'il descendit.

Christophe-Zacharias Drosselmayer eut une grande joie de revoir ce pauvre Christian qu'il croyait mort. D'abord, il n'avait pas voulu le reconnaître, à cause de son front chauve et de son emplâtre sur l'œil; mais le mécanicien lui montra sa fameuse redingote jaune, qui, toute déchirée qu'elle était, avait encore conservé en certains endroits quelque trace de sa couleur primitive, et, à l'appui de cette première preuve, il lui cita tant de circonstances secrètes, qui ne pouvaient être connues que de Zacharias et de lui, que le marchand de joujoux fut bien forcé de se rendre à l'évidence.

Alors, il lui demanda quelle cause l'avait éloigné si longtemps de sa ville natale, et dans quel pays il avait laissé ses cheveux, son œil, et les morceaux qui manquaient à sa redingote.

Christian-Élias Drosselmayer n'avait aucun motif de faire un secret à son frère des événements qui lui étaient arrivés. Il commença donc par lui présenter son compagnon d'infortune; puis, cette formalité d'usage accomplie, il lui raconta tous ses malheurs, depuis A jusqu'à Z, et termina en disant qu'il n'avait que quelques heures à passer avec son frère, attendu que, n'ayant pas pu trouver la noisette Krakatuk, il allait entrer le lendemain dans une prison éternelle.

Pendant tout ce récit de son frère, Christophe-Zacharias avait plus d'une fois secoué les doigts, tourné sur un pied et fait claquer sa langue. Dans toute autre circonstance, le mécanicien lui eût sans doute demandé ce que signifiaient ces signes; mais il était si préoccupé, qu'il ne vit rien, et que ce ne fut que lorsque son frère fit deux fois *hum! hum!* et trois fois *oh! oh! oh!* qu'il lui demanda ce que signifiaient ces exclamations.

— Cela signifie, dit Zacharias, que ce serait bien le diable... Mais non... Mais si...

— Que ce serait bien le diable?... répéta le mécanicien.

— Si... continua le marchand de jouets d'enfant.

— Si... Quoi? demanda de nouveau maître Drosselmayer.

Mais, au lieu de lui répondre, Christophe-Zacharias, qui, sans doute, pendant toutes ces demandes et ces réponses entrecoupées, avait rappelé ses souvenirs, jeta sa perruque en l'air et se mit à danser en criant :

— Frère, tu es sauvé! Frère, tu n'iras pas en prison! Frère, ou je me trompe fort, ou c'est moi qui possède la noisette Krakatuk.

Et, sur ce, sans donner aucune autre explication à son frère ébahi, Christophe-Zacharias s'élança hors de l'appartement, et revint un instant après, rapportant une boîte dans laquelle était une grosse aveline dorée qu'il présenta au mécanicien.

Celui-ci, qui n'osait croire à tant de bonheur, prit en hésitant la noisette, la tourna et la retourna de toute façon, l'examinant avec l'attention que méritait la chose, et, après l'examen, déclara qu'il se rangeait à l'avis de son frère, et qu'il serait fort étonné si cette aveline n'était pas la noisette Krakatuk; sur quoi, il la passa à l'astrologue, et lui demanda son opinion.

Celui-ci examina la noisette avec non moins d'attention que ne l'avait fait maître Drosselmayer, et, secouant la tête, il répondit :

— Je serais de votre avis et, par conséquent, de celui de votre frère, si la noisette n'était pas dorée; mais je n'ai vu nulle part dans les astres que le fruit que nous cherchons dût être revêtu de cet ornement. D'ailleurs, comment votre frère aurait-il la noisette Krakatuk?

— Je vais vous expliquer la chose, dit Christophe, et comment elle est tombée entre mes mains, et comment il se fait qu'elle ait cette dorure qui vous empêche de la reconnaître, et qui effectivement ne lui est pas naturelle.

Alors, les ayant fait asseoir tous deux, car il pensait fort judicieusement qu'après une course de quatorze ans et neuf mois, les voyageurs devaient être fatigués, il commença en ces termes :

— Le jour même où le roi t'envoya chercher, sous prétexte de te donner la croix, un étranger arriva à Nuremberg, portant un sac de noisettes qu'il avait à vendre; mais les marchands de noisettes du pays, qui voulaient conserver le monopole de cette denrée, lui cherchèrent querelle, justement devant la porte de ma boutique. L'étranger pour alors, se défendre plus facilement, posa à terre son sac de noisettes, et la bataille allait son train, à la grande satisfaction des gamins et des commissionnaires, lorsqu'un chariot pesamment chargé passa justement sur le sac de noisettes. En voyant cet accident, qu'ils attribuèrent à la justice du ciel, les marchands se regardèrent comme suffisamment vengés, et laissèrent l'étranger tranquille. Celui-ci ramassa son sac, et, effectivement, toutes les noisettes étaient écrasées, à l'exception d'une seule, qu'il me présenta en souriant d'une façon singulière, et m'invitant à l'acheter pour un zwanziger neuf de 1720, disant qu'un jour viendrait où je ne serais pas fâché du marché que j'aurais fait, si onéreux qu'il pût me paraître pour le moment. Je fouillai à ma poche, et fus fort étonné d'y trouver un zwanziger tout pareil à celui que demandait cet homme. Cela me parut une coïncidence si singulière, que je lui donnai mon zwanziger; lui, de son côté, me donna la noisette, et disparut.

« Or, je mis la noisette en vente, et, quoique je n'en demandasse que le prix qu'elle m'avait coûté, plus deux kreutzers, elle resta exposée pendant sept ou huit ans sans que personne manifestât l'envie d'en faire l'acquisition. C'est alors que je la fis dorer pour augmenter sa valeur; mais j'y dépensai inutilement deux autres zwanzigers, la noisette est restée jusqu'aujourd'hui sans acquéreur. En ce moment l'astronome, entre les mains duquel la noisette était restée, poussa un cri de joie. Tandis que maître Drosselmayer écoutait le récit de son frère, il avait, à l'aide d'un canif, gratté délicatement la dorure de la noisette, et, sur un petit coin de la coquille, il avait trouvé gravé en caractères chinois le mot KRAKATUK.

Dès lors il n'y eut plus de doute, et l'identité de la noisette fut reconnue.

Comment, après avoir trouvé la noisette Krakatuk, le mécanicien et l'astrologue trouvèrent le jeune homme qui devait la casser.

Christian-Élias Drosselmayer était si pressé d'annoncer au roi cette bonne nouvelle, qu'il voulait reprendre la malle-poste à l'instant même; mais Christophe-Zacharias le pria d'attendre au moins jusqu'à ce que son fils fût rentré : or, le mécanicien accéda d'autant plus volontiers à cette demande, qu'il n'avait pas vu son neveu depuis tantôt quinze ans, et qu'en rassemblant ses souvenirs, il se rappela que c'était, au moment où il avait quitté Nuremberg, un charmant petit bambin de trois ans et demi, que lui, Élias, aimait de tout son cœur.

En ce moment, un beau jeune homme de dix-huit ou dix-neuf ans entra dans la boutique de Christophe-Zacharias, et s'approcha de lui en l'appelant son père.

En effet, Zacharias, après l'avoir embrassé, le présenta à Élias, en disant au jeune homme :

— Maintenant, embrasse ton oncle.

Le jeune homme hésitait; car l'oncle Drosselmayer, avec sa redingote en lambeaux, son front chauve et son emplâtre sur l'œil, n'avait rien de bien attrayant. Mais, comme son père vit cette hésitation et qu'il craignait qu'Élias n'en fût blessé, il poussa son fils par derrière, si bien que le jeune homme, tant bien que mal, se trouva dans les bras du mécanicien.

Pendant ce temps, l'astrologue fixait les yeux sur le jeune homme, avec une attention continue qui parut si singulière à celui-ci, qu'il saisit le premier prétexte pour sortir, se trouvant mal à l'aise d'être regardé ainsi.

Alors l'astrologue demanda à Zacharias sur son fils quelques détails que celui-ci s'empressa de lui donner avec une prolixité toute paternelle.

Le jeune Drosselmayer avait, en effet, comme sa figure l'indiquait, dix-sept à dix-huit ans. Dès sa plus tendre jeunesse, il était si drôle et si gentil, que sa mère s'amusait à le faire habiller comme les joujoux qui étaient dans la boutique, c'est-à-dire tantôt en étudiant, tantôt en postillon, tantôt en Hongrois, mais toujours avec un costume qui exigeait des bottes; car, comme il avait le plus joli pied du monde, mais le mollet un peu grêle, les bottes faisaient valoir la qualité et cachaient le défaut.

— Ainsi, demanda l'astrologue à Zacharias, votre fils n'a jamais porté que des bottes?

Élias ouvrit de grands yeux.

— Mon fils n'a jamais porté que des bottes, reprit le marchand de jouets d'enfant; et il continua : À l'âge de dix ans, je l'envoyai à l'université de Tubingen, où il est resté jusqu'à l'âge de dix-huit ans, sans contracter aucune des mauvaises habitudes de ses autres camarades, sans boire, sans jurer, sans se battre. La seule faiblesse que je lui connaisse, c'est de laisser pousser les quatre ou cinq mauvais poils qu'il a au menton, sans vouloir permettre qu'un barbier lui touche le visage.

— Ainsi, reprit l'astrologue, votre fils n'a jamais fait sa barbe?

Élias ouvrait des yeux de plus en plus grands.

— Jamais, répondit Zacharias.

— Et, pendant ses vacances de l'université, continua l'astrologue, à quoi passait-il son temps?

— Mais, dit le père, il se tenait dans la boutique avec son joli petit costume d'étudiant, et, par pure galanterie, cassait les noisettes des jeunes filles qui venaient acheter des joujoux dans la boutique, et qui, à cause de cela, l'appelaient Casse-Noisette.

— Casse-Noisette? s'écria le mécanicien.

— Casse-Noisette? répéta à son tour l'astrologue.

Puis tous deux se regardèrent, tandis que Zacharias les regardait tous deux.

— Mon cher Monsieur, dit l'astrologue à Zacharias, j'ai l'idée que votre fortune est faite.

Le marchand de joujoux, qui n'avait pas écouté ce pronostic avec indifférence, voulut en avoir l'explication; mais l'astrologue remit cette explication au lendemain matin.

Lorsque le mécanicien et l'astrologue rentrèrent dans leur chambre, l'astrologue se jeta au cou de son ami, en lui disant :

— C'est lui! nous le tenons!

— Vous croyez? demanda Élias avec le ton d'un homme qui doute, mais qui ne demande pas mieux que d'être convaincu.

— Pardieu! si je le crois; il réunit toutes les qualités, ce me semble.

— Récapitulons.

— Il n'a jamais porté que des bottes.

— C'est vrai.

— Il n'a jamais été rasé.

— C'est encore vrai.

— Enfin, par galanterie ou plutôt par vocation, il se tenait dans la boutique de son père pour casser les noisettes des jeunes filles, qui ne l'appelaient que Casse-Noisette.

— C'est encore vrai.

— Mon cher ami, un bonheur n'arrive jamais seul. D'ailleurs, si vous doutez encore, allons consulter les astres.

Ils montèrent, en conséquence, sur la terrasse de la maison, et, ayant tiré l'horoscope du jeune homme, ils virent qu'il était destiné à une grande fortune.

Cette prédiction, qui confirmait toutes les espérances de l'astrologue, fit que le mécanicien se rendit à son avis.

— Et maintenant, dit l'astrologue triomphant, il n'y a plus que deux choses qu'il ne faut pas négliger.

— Lesquelles? demanda Élias.

— La première, c'est que vous adaptiez, à la nuque de votre neveu, une robuste tresse de bois qui se combine si bien avec la mâchoire, qu'elle puisse en doubler la force par la pression.

— Rien de plus facile, répondit Élias, et c'est l'*abc* de la mécanique.

— La seconde, continua l'astrologue, c'est, en arrivant à la résidence, de cacher avec soin que nous avons amené avec nous le jeune homme destiné à casser la noix Krakatuk; car j'ai dans l'idée que, plus il y aura de dents cassées et de mâchoires démontées, en essayant de briser la noisette Krakatuk, plus le roi offrira une précieuse récompense à qui réussira où tant d'autres auront échoué.

— Mon cher ami, répondit le mécanicien, vous êtes un homme plein de sens. Allons nous coucher.

Et, à ces mots, ayant quitté la terrasse et étant redescendus dans leur chambre, les deux amis se couchèrent, et, enfonçant leurs bonnets de coton sur leurs oreilles, s'endormirent plus paisiblement qu'ils ne l'avaient encore fait depuis quatorze ans et neuf mois.

Le lendemain, dès le matin, les deux amis descendirent chez Zacharias, et lui firent part de tous les beaux projets qu'ils avaient formés la veille. Or, comme Zacharias ne manquait pas d'ambition, et que, dans son amour-propre paternel, il se flattait que son fils devait être une des plus fortes mâchoires d'Allemagne, il accepta avec enthousiasme la combinaison qui tendait à faire sortir de sa boutique non-seulement la noisette, mais encore le casse-noisette.

Le jeune homme fut plus difficile à décider. Cette tresse qu'on devait lui appliquer à la nuque, en remplacement de la bourse élégante qu'il portait avec tant de grâce, l'inquiétait surtout particulièrement. Cependant l'astrologue, son oncle et son père lui firent de si belles promesses, qu'il se décida. En conséquence, comme Élias Drosselmayer s'était mis à l'œuvre à l'instant même, la tresse fut bientôt achevée et vissée solidement à la nuque de ce jeune homme plein d'espérance. Hâtons-nous de dire, pour satisfaire la curiosité de nos lecteurs, que cet appareil ingénieux réussit parfaitement bien, et que, dès le premier jour, notre habile mécanicien obtint les plus brillants résultats sur les noyaux d'abricot les plus durs et sur les noyaux de pêche les plus obstinés.

Ces expériences faites, l'astrologue, le mécanicien

et le jeune Drosselmayer se mirent immédiatement en route pour la résidence. Zacharias eût bien voulu les accompagner; mais, comme il fallait quelqu'un pour garder sa boutique, cet excellent père se sacrifia et demeura à Nuremberg.

Fin de l'histoire de la princesse Pirlipate.

Le premier soin du mécanicien et de l'astrologue, en arrivant à la cour, fut de laisser le jeune Drosselmayer à l'auberge, et d'aller annoncer au palais que après l'avoir cherchée inutilement dans les quatre parties du monde, ils avaient enfin trouvé la noix Krakatuk à Nuremberg; mais de celui qui la devait casser, comme il était convenu entre eux, ils n'en dirent pas un mot.

La joie fut grande au palais. Aussitôt le roi envoya chercher le conseiller intime, surveillant de l'esprit public, lequel avait la haute main sur tous les journaux, et lui ordonna de rédiger pour le *Moniteur* royal une note officielle que les rédacteurs des autres gazettes seraient forcés de répéter, et qui portait en substance que tous ceux qui se croiraient d'assez bonnes dents pour casser la noisette Krakatuk n'avaient qu'à se présenter au palais, et, l'opération faite, recevraient une récompense considérable.

C'est dans une circonstance pareille seulement qu'on peut apprécier tout ce qu'un royaume contient de mâchoires. Les concurrents étaient en si grand nombre, qu'on fut obligé d'établir un jury présidé par le dentiste de la couronne, lequel examinait les concurrents, pour voir s'ils avaient bien leurs trente-deux dents, et si aucune de ces dents n'était gâtée.

Trois mille cinq cents candidats furent admis à cette première épreuve, qui dura huit jours, et qui n'offrit d'autre résultat qu'un nombre indéfini de dents brisées et de mandibules démises.

Il fallut donc se décider à faire un second appel. Les gazettes nationales et étrangères furent couvertes de réclames. Le roi offrait la place de président perpétuel de l'Académie et l'ordre de l'Araignée d'or à la mâchoire supérieure qui parviendrait à briser la noisette Krakatuk. On n'avait pas besoin d'être lettré pour concourir.

Cette seconde épreuve fournit cinq mille concurrents. Tous les corps savants d'Europe envoyèrent leurs représentants à cet important congrès. On y remarquait plusieurs membres de l'Académie française, et, entre autres, son secrétaire perpétuel, lequel ne put concourir, à cause de l'absence de ses dents, qu'il s'était brisées en essayant de déchirer les œuvres de ses confrères.

Cette seconde épreuve, qui dura quinze jours, fut, hélas! plus désastreuse encore que la première. Les délégués des sociétés savantes, entre autres, s'obstinèrent, pour l'honneur du corps auquel ils appartenaient, à vouloir briser la noisette; mais ils y laissèrent leurs meilleures dents.

Quant à la noisette, sa coquille ne portait pas même la trace des efforts qu'on avait faits pour l'entamer.

Le roi était au désespoir; il résolut de frapper un grand coup, et, comme il n'avait pas de descendant mâle, il fit publier, par une troisième insertion dans les gazettes nationales et étrangères, que la main de la princesse Pirlipate était accordée et la succession au trône acquise à celui qui briserait la noisette Krakatuk. Le seul article qui fût obligatoire, c'est que, cette fois, les concurrents devaient être âgés de seize à vingt-quatre ans.

La promesse d'une pareille récompense remua toute l'Allemagne. Les candidats arrivèrent de tous les coins de l'Europe; et il en serait même venu de l'Asie, de l'Afrique et de l'Amérique, ainsi que de cette cinquième partie du monde qu'avaient découverte Élias Drosselmayer et son ami l'astrologue, si, le temps ayant été limité, les lecteurs n'eussent judicieusement réfléchi qu'au moment où ils lisaient la susdite annonce, l'épreuve était en train de s'accomplir ou même était déjà accomplie.

Cette fois, le mécanicien et l'astrologue pensèrent que le moment était venu de produire le jeune Drosselmayer, car il n'était pas possible au roi d'offrir un prix plus haut que celui qu'il était arrivé à mettre, une récompense plus belle que celle qu'il en était venu à offrir. Seulement, confiants dans le succès, quoique, cette fois, une foule de princes aux mâchoires royales ou impériales se fussent présentés, ils ne se présentèrent au bureau des inscriptions (on est libre de confondre avec celui des inscriptions et belles-lettres), qu'au moment où il allait se fermer, de sorte que le nom de Nathaniel Drosselmayer se trouva porté sur la liste le 11,375e et dernier.

Il en fut de cette fois-ci comme des autres, les 11,374 concurrents de Nathaniel Drosselmayer furent mis hors de combat, et le dix-neuvième jour de l'épreuve, à onze heures trente-cinq minutes du matin, comme la princesse accomplissait sa quinzième année, le nom de Nathaniel Drosselmayer fut appelé.

Le jeune homme se présenta accompagné de ses parrains, c'est-à-dire du mécanicien et de l'astrologue.

C'était la première fois que ces deux illustres personnages revoyaient la princesse depuis qu'ils avaient quitté son berceau, et, depuis ce temps, il s'était fait de grands changements en elle; mais, il faut le dire avec notre franchise d'historien, ce n'était point à son avantage : lorsqu'ils la quittèrent, elle n'était qu'affreuse; depuis ce temps, elle était devenue effroyable.

En effet, son corps avait fort grandi, mais sans prendre aucune importance. Aussi ne pouvait-on comprendre comment ces jambes grêles, ces hanches sans force, ce torse tout ratatiné, pouvaient soutenir la monstrueuse tête qu'ils supportaient. Cette tête se composait des mêmes cheveux hérissés, des mêmes yeux verts, de la même bouche immense, du même menton cotonneux que nous avons dit; seulement, tout cela avait pris quinze ans de plus.

En apercevant ce monstre de laideur, le pauvre Nathaniel frissonna et demanda au mécanicien et à l'astrologue s'ils étaient bien sûrs que l'amande de la noisette Krakatuk dût rendre la beauté à la princesse, attendu que, si elle demeurait dans l'état où elle se trouvait, il était disposé à tenter l'épreuve, pour la gloire de réussir où tant d'autres avaient échoué, mais à laisser l'honneur du mariage et le profit de la succession au trône à qui voudrait bien les accepter. Il va sans dire que le mécanicien et l'astrologue rassurèrent leur filleul, lui affirmant que, la noisette une fois cassée, et l'amande une fois mangée, Pirlipate redeviendrait à l'instant même la plus belle princesse de la terre.

Mais, si la vue de la princesse Pirlipate avait glacé d'effroi le cœur du pauvre Nathaniel, il faut le dire en l'honneur du pauvre garçon, sa présence à lui avait produit un effet tout contraire sur le cœur sensible de l'héritière de la couronne, et elle n'avait pu s'empêcher de s'écrier en le voyant :

— Oh! que je voudrais bien que ce fût celui-ci qui cassât la noisette.

Ce à quoi la surintendante de l'éducation de la princesse répondit :

— Je crois devoir faire observer à Votre Altesse qu'il n'est point d'habitude qu'une jeune et jolie princesse comme vous êtes dise tout haut son opinion en ces sortes de matières.

En effet, Nathaniel était fait pour tourner la tête à toutes les princesses de la terre. Il avait une petite polonaise de velours violet à brandebourgs et à boutons d'or, que son oncle lui avait fait faire pour cette occasion solennelle, une culotte pareille, de charmantes petites bottes, si bien vernies et si bien collantes, qu'on les aurait crues peintes. Il n'y avait que cette malheureuse queue de bois vissée à sa nuque, qui gâtait un peu cet ensemble; mais, en lui mettant des rallonges, l'oncle Drosselmayer lui avait donné la forme d'un petit manteau, et cela pouvait, à la rigueur, passer pour un caprice de toilette, ou pour quelque mode nouvelle que le tailleur de Nathaniel tâchait, vu la circonstance, d'introduire tout doucement à la cour.

Aussi, en voyant entrer le charmant petit jeune homme, ce que la princesse avait eu l'imprudence de dire tout haut, chacune des assistantes se le dit tout bas, et il n'y eut pas une seule personne, pas même le roi et la reine, qui ne désirât dans le fond de l'âme que Nathaniel sortît vainqueur de l'entreprise dans laquelle il était engagé.

De son côté, le jeune Drosselmayer s'approcha avec une confiance qui redoubla l'espoir qu'on avait en lui. Arrivé devant l'estrade royale, il salua le roi et la reine, puis la princesse Pirlipate, puis les assistants; après quoi, il reçut du grand maître des cérémonies la noisette Krakatuk, la prit délicatement entre l'index et le pouce, comme fait un escamoteur d'une muscade, l'introduisit dans sa bouche, donna un violent coup de poing sur la tresse de bois, et crac! crac! brisa la coquille en plusieurs morceaux.

Puis, aussitôt, il débarrassa adroitement l'amande des filaments qui y étaient attachés, et la présenta à la princesse, en lui tirant un gratte-pied aussi élégant que respectueux, après quoi il ferma les yeux et commença à marcher à reculons. Aussitôt la princesse avala l'amande, et, à l'instant même, ô miracle! le monstre difforme disparut, et fut remplacé par une jeune fille d'une angélique beauté. Son visage semblait tissu de flocons de soie roses comme les roses et blancs comme les lis; ses yeux étaient d'étincelant azur, et ses boucles abondantes formées par des fils d'or retombaient sur ses épaules d'albâtre. Aussitôt les trompettes et les cymbales sonnèrent à tout rompre. Les cris de joie du peuple répondirent au bruit des instruments. Le roi, les ministres, les conseillers et les juges, comme lors de la naissance de Pirlipate, se mirent à danser à cloche-pied, et il fallut jeter de l'eau de Cologne au visage de la reine, qui s'était évanouie de ravissement.

Ce grand tumulte troubla fort le jeune Nathaniel Drosselmayer, qui, on se le rappelle, avait encore, pour achever sa mission, à faire les sept pas en arrière; pourtant il se maîtrisa avec une puissance qui donna les plus hautes espérances pour l'époque où il régnerait à son tour, et il allongeait précisément la jambe pour achever son septième pas, quand, tout à coup, la reine des souris perça le plancher, piaulant affreusement, et vint s'élancer entre ses jambes; de sorte qu'au moment où le futur prince royal reposait le pied à terre, il lui appuya le talon en plein sur le corps, ce qui le fit trébucher de telle façon, que peu s'en fallut qu'il ne tombât.

O fatalité! Au même instant, le beau jeune homme devint aussi difforme que l'avait été avant lui la princesse : ses jambes s'amincirent, son corps ratatiné pouvait à peine soutenir son énorme et hideuse tête, ses yeux devinrent verts, hagards et à fleur de tête; enfin sa bouche se fendit jusqu'aux oreilles, et sa jolie petite barbe naissante se changea en une substance blanche et molle, que plus tard on reconnut être du coton.

Mais la cause de cet événement en avait été punie en même temps qu'elle le causait. Dame Souriçonne se tordait sanglante sur le plancher : sa méchanceté n'était donc pas restée impunie. En effet, le jeune Drosselmayer l'avait pressée si violemment contre le plancher avec le talon de sa botte, que la compression avait été mortelle. Aussi, tout en se tordant, dame Souriçonne criait de toute la force de sa voix agonisante :

Krakatuk! Krakatuk! ô noisette si dure,
C'est à toi que je dois le trépas que j'endure.
Hi .. hi... hi... hi...
Mais l'avenir me garde une revanche prête :
Mon fils me vengera sur toi, Casse-Noisette!
Pi... pi... pi... pi...

Adieu la vie,
Trop tôt ravie!
Adieu le ciel,
Coupe de miel!
Adieu le monde,
Source féconde...
Ah! je me meurs!
Hi! pi pi! couic!!

Le dernier soupir de dame Souriçonne n'était peut-être pas très-bien rimé; mais, s'il est permis de faire une faute de versification, c'est, on en conviendra, en rendant le dernier soupir!

Ce dernier soupir rendu, on appela le grand fourrier de la cour, lequel prit dame Souriçonne par la queue et l'emporta, s'engageant à la réunir aux malheureux débris de sa famille, qui, quinze ans et quelques mois auparavant, avaient été enterrés dans un commun tombeau.

Comme, au milieu de tout cela, personne que le mécanicien et l'astrologue ne s'était occupé de Nathaniel Drosselmayer, la princesse, qui ignorait l'accident qui était arrivé, ordonna que le jeune héros fût amené devant elle; car, malgré la semonce de la surintendante de son éducation, elle avait hâte de le remercier. Mais, à peine eut-elle aperçu le malheureux Nathaniel, qu'elle cacha sa tête dans ses deux mains, et que, oubliant le service qu'il lui avait rendu, elle s'écria :

— A la porte, à la porte, l'horrible Casse-Noisette! à la porte! à la porte! à la porte!

Aussitôt le grand maréchal du palais prit le pauvre Nathaniel par les épaules et le poussa sur l'escalier.

Le roi, plein de rage de ce qu'on avait osé lui proposer un casse-noisette pour gendre, s'en prit à l'astrologue et au mécanicien, et, au lieu de la rente de dix mille thalers et de la lunette d'honneur qu'il devait donner au premier, au lieu de l'épée en diamant, du grand ordre royal de l'Araignée d'or et de la redingote jaune qu'il devait donner au second, il les exila hors de son royaume, ne leur donnant que vingt-quatre heures pour en franchir les frontières.

Il fallut obéir. Le mécanicien, l'astrologue et le jeune Drosselmayer, devenu casse-noisette, quittèrent la capitale et traversèrent la frontière. Mais, à la nuit venue, les deux savants consultèrent de nouveau les étoiles et lurent dans la conjonction des astres que, tout contrefait qu'il était, leur filleul n'en deviendrait pas moins prince et roi, s'il n'aimait mieux toutefois rester simple particulier, ce qui serait laissé à son choix; et cela arriverait quand sa difformité aurait disparu; et sa difformité disparaîtrait, quand il aurait commandé en chef un combat, dans lequel serait tué le prince que, après la mort de ses sept premiers fils, dame Souriçonne avait mis au monde avec sept têtes, et qui était le roi actuel des souris; enfin, lorsque, malgré sa laideur, Casse-Noisette serait parvenu à se faire aimer d'une jolie dame.

En attendant ces brillantes destinées, Nathaniel Drosselmayer, qui était sorti de la boutique paternelle en qualité de fils unique, y rentra en qualité de casse-noisette.

Il va sans dire que son père ne le reconnut aucunement, et que, lorsqu'il demanda à son frère le mécanicien et à son ami l'astrologue ce qu'était devenu son fils bien-aimé, les deux illustres personnages répondirent, avec cet aplomb qui caractérise les savants, que le roi et la reine n'avaient pas voulu se séparer du sauveur de la princesse, et que le jeune Nathaniel était resté à la cour, comblé de gloire et d'honneur.

Quant au malheureux Casse-Noisette, qui sentait tout ce que sa position avait de pénible, il ne souffla pas le mot, attendant de l'avenir le changement qui devait s'opérer en lui. Cependant, nous devons avouer que, malgré la douceur de son caractère et la philosophie de son esprit, il gardait, au fond de son énorme bouche, une de ses plus grosses dents à l'oncle Drosselmayer, qui, l'étant venu chercher au moment où il y pensait le moins, et l'ayant séduit par ses belles promesses, était la seule et unique cause du malheur épouvantable qui lui était arrivé.

Voilà, mes chers enfants, l'histoire de la noisette Krakatuk et de la princesse Pirlipate, telle que la raconta le parrain Drosselmayer à la petite Marie, et vous savez pourquoi l'on dit maintenant d'une chose difficile :

« C'est une dure noisette à casser. »

L'ONCLE ET LE NEVEU.

Si quelqu'un de mes jeunes lecteurs ou quelqu'une de mes jeunes lectrices s'est jamais coupé avec du verre, ce qui a dû leur arriver aux uns ou aux autres dans leurs jours de désobéissance, ils doivent savoir, par expérience, que c'est une coupure particulièrement désagréable en ce qu'elle ne finit pas de guérir. Marie fut donc forcée de passer une semaine entière dans son lit, car il lui prenait des étourdissements aussitôt qu'elle essayait de se lever; enfin elle se rétablit tout à fait et put sautiller par la chambre comme auparavant.

On l'on est injuste envers notre petite héroïne, ou l'on comprendra facilement que sa première visite fut pour l'armoire vitrée : elle présentait un aspect des plus charmants : le carreau cassé avait été remis, et derrière les autres carreaux, nettoyés scrupuleusement par mademoiselle Trudchen, apparaissaient neufs, brillants et vernissés, les arbres, les maisons et les poupées de la nouvelle année. Mais, au milieu de tous les trésors de son royaume enfantin, avant toutes choses, ce que Marie aperçut, ce fut son casse-noisette, qui lui souriait du second rayon où il était placé, et cela avec des dents en aussi bon état qu'il en avait jamais eu. Tout en contemplant avec bonheur son favori, une pensée qui s'était déjà plus d'une fois présentée à l'esprit de Marie revint lui serrer le cœur. Elle songea que tout ce que parrain Drosselmayer avait raconté était non pas un conte, mais l'histoire véritable des dissensions de Casse-Noisette avec feu la reine des souris et son fils le prince régnant : dès lors elle comprenait que Casse-Noisette ne pouvait être autre que le jeune Drosselmayer de Nuremberg, l'agréable mais ensorcelé neveu du parrain; car, que l'ingénieux mécanicien de la cour du roi, père de Pirlipate, fût autre que le conseiller de médecine Drosselmayer, de ceci elle n'en avait jamais douté, du moment où elle l'avait vu dans la narration apparaître avec sa redingote jaune; et cette conviction s'était encore raffermie, quand elle lui avait successivement vu perdre ses cheveux par un coup de soleil, et son œil par un coup de flèche, ce qui avait nécessité l'invention de l'affreux emplâtre, et l'invention de l'ingénieuse perruque de verre, dont nous avons parlé au commencement de cette histoire.

— Mais pourquoi ton oncle ne t'a-t-il pas secouru, pauvre Casse-Noisette? se disait Marie en face de l'armoire vitrée, et tout en regardant son protégé, et en pensant que, du succès de la bataille, dépendait le désensorcellement du pauvre petit bonhomme, et son élévation au rang de roi du royaume des poupées, si prêtes, du reste, à subir cette domination, que, pendant tout le combat, Marie se le rappelait, les poupées avaient obéi à Casse-Noisette comme des soldats à un général; et cette insouciance du parrain Drosselmayer faisait d'autant plus de peine à Marie, qu'elle était certaine que ces poupées, auxquelles, dans son imagination, elle prêtait le mouvement et la vie, vivaient et remuaient réellement.

Cependant, à la première vue du moins, il n'en était pas ainsi dans l'armoire, car tout y demeurait tranquille et immobile; mais Marie, plutôt que de renoncer à sa conviction intérieure, attribuait tout cela à l'ensorcellement de la reine des souris et de son fils; elle entra si bien dans ce sentiment, qu'elle continua bientôt, tout en regardant Casse-Noisette, de lui dire tout haut ce qu'elle avait commencé de lui dire tout bas.

— Cependant, reprit-elle, quand bien même vous ne seriez pas en état de vous remuer, et empêché, par l'enchantement qui vous tient, de me dire le moindre petit mot, je sais très-bien, mon cher monsieur Drosselmayer, que vous me comprenez parfaitement, et que vous connaissez à fond mes bonnes intentions à votre égard; comptez donc sur mon appui si vous en avez besoin. En attendant, soyez tranquille; je vais bien prier votre oncle de venir à votre aide, et il est si adroit, qu'il faut espérer que, pour peu qu'il vous aime un peu, il vous secourra.

Malgré l'éloquence de ce discours, Casse-Noisette ne bougea point; mais il sembla à Marie qu'un soupir passa tout doucement à travers l'armoire vitrée, dont les glaces se mirent à résonner bien bas, mais d'une façon si miraculeusement tendre, qu'il semblait à Marie qu'une voix douce comme une petite clochette d'argent disait:

— Chère petite Marie, mon ange gardien, je serai à toi; Marie, à moi!

Et, à ces paroles mystérieusement entendues, Marie, à travers le frisson qui courut par tout son corps, sentit un bien-être singulier s'emparer d'elle.

Cependant le crépuscule était arrivé. Le président entra avec le conseiller de médecine Drosselmayer. Au bout d'un instant, mademoiselle Trudchen avait préparé la table à thé, et toute la famille était rangée autour de la table, causant gaiement. Quant à Marie, elle avait été chercher son petit fauteuil, et s'était assise silencieusement aux pieds du parrain Drosselmayer; alors, dans un moment où tout le monde faisait silence, elle leva ses grands yeux bleus sur le conseiller de médecine, et, le regardant fixement au visage:

— Je sais maintenant, dit-elle, cher parrain Drosselmayer, que mon casse-noisette est ton neveu le jeune Drosselmayer de Nuremberg. Il est devenu prince et roi du royaume des poupées, comme l'avait si bien prédit ton compagnon l'astrologue; mais tu sais bien qu'il est en guerre ouverte et acharnée avec le roi des souris. Voyons, cher parrain Drosselmayer, pourquoi n'es-tu pas venu à son aide quand tu étais en chouette, à cheval sur la pendule? et maintenant encore, pourquoi l'abandonnes-tu?

Et, à ces mots, Marie raconta de nouveau, au milieu des éclats de rire de son père, de sa mère et de mademoiselle Trudchen, toute cette fameuse bataille dont elle avait été spectatrice. Il n'y eut que Fritz et le parrain Drosselmayer qui ne sourcillèrent point.

— Mais où donc, dit le parrain, cette petite fille va-t-elle chercher toutes les sottises qui lui passent par l'esprit?

— Elle a l'imagination très-vive, répondit sa mère, et, au fond, ce ne sont que des rêves et des visions occasionnés par sa fièvre.

— Et la preuve, dit Fritz, c'est qu'elle raconte que mes hussards rouges ont pris la fuite; ce qui ne saurait être vrai, à moins qu'ils ne soient d'abominables poltrons, auquel cas, sapristi! ils ne risqueraient rien, et je les bousculerais d'une belle façon!

Mais, tout en souriant singulièrement, le parrain Drosselmayer prit la petite Marie sur ses genoux, et lui dit avec plus de douceur qu'auparavant:

— Chère enfant, tu ne sais pas dans quelle voie tu t'engages en prenant aussi chaudement les intérêts de Casse-Noisette: tu auras beaucoup à souffrir, si tu continues à prendre ainsi parti pour le pauvre disgracié; car le roi des souris, qui le tient pour le meurtrier de sa mère, le poursuivra par tous les moyens possibles. Mais, en tous cas, ce n'est pas moi, entends-tu bien, c'est toi seule qui peux le sauver: sois ferme et fidèle, et tout ira bien.

Ni Marie ni personne ne comprit rien au discours du parrain; il y a plus, ce discours parut même si étrange au président, qu'il prit sans souffler le mot la main du conseiller de médecine, et, après lui avoir tâté le pouls:

— Mon bon ami, lui dit-il comme Bartholo à Basile, vous avez une grande fièvre, et je vous conseille d'aller vous coucher.

LA CAPITALE.

Pendant la nuit qui suivit la scène que nous venons de raconter, comme la lune, brillant de tout son éclat, faisait glisser un rayon lumineux entre les rideaux mal joints de la chambre, et que, près de sa mère, dormait la petite Marie, celle-ci fut réveillée par un bruit qui semblait venir du coin de la chambre, mêlé de sifflements aigus et de piaulements prolongés.

— Hélas! s'écria Marie, qui reconnut ce bruit pour l'avoir entendu pendant la fameuse soirée de la bataille; hélas! voilà les souris qui reviennent. Maman, maman, maman!

Mais, quelques efforts qu'elle fît, sa voix s'éteignit dans sa bouche. Elle essaya de se sauver; mais elle ne put remuer ni bras ni jambes, et resta comme clouée dans son lit; alors, en tournant ses yeux effrayés vers le coin de la chambre où l'on entendait le bruit, elle vit le roi des souris qui se grattait un passage à travers le mur, passant, par le trou qui allait s'élargissant, d'abord une de ses têtes, puis deux, puis trois, puis enfin ses sept têtes, ayant chacune sa couronne, et qui, après avoir fait plusieurs tours dans la chambre, comme un vainqueur qui prend possession de sa conquête, s'élança d'un bond sur la table, qui était placée à côté du lit de la petite Marie. Arrivé là, il la regarda de ses yeux brillants comme des escarboucles, sifflotant et grinçant des dents, tout en disant :

— Hi hi hi ! il faut que tu me donnes tes dragées et tes massepains, petite fille, ou sinon, je dévorerai ton ami Casse-Noisette.

Puis, après avoir fait cette menace, il s'enfuit de la chambre par le même trou qu'il avait fait pour entrer.

Marie était si effrayée de cette terrible apparition, que, le lendemain, elle se réveilla toute pâle et le cœur tout serré, et cela avec d'autant plus de raison, qu'elle n'osait raconter, de peur qu'on ne se moquât d'elle, ce qui lui était arrivé pendant la nuit. Vingt fois le récit lui vint sur les lèvres, soit vis-à-vis de sa mère, soit vis-à-vis de Fritz ; mais elle s'arrêta, toujours convaincue que ni l'un ni l'autre ne la voudrait croire ; seulement, ce qui lui parut le plus clair dans tout cela, c'est qu'il lui fallait sacrifier au salut de Casse-Noisette ses dragées et ses massepains ; en conséquence, elle déposa, le soir du même jour, tout ce qu'elle en possédait sur le bord de l'armoire.

Le lendemain, la présidente dit :

— En vérité, je ne sais pas d'où viennent les souris qui ont tout à coup fait irruption chez nous ; mais regarde, ma pauvre Marie, continua-t-elle en amenant la petite fille au salon, ces méchantes bêtes ont dévoré toutes les sucreries.

La présidente faisait une erreur, c'est *gâté* qu'elle aurait dû dire ; car ce gourmand de roi des souris, tout en ne trouvant pas les massepains de son goût, les avait tellement grignotés, qu'on fut obligé de les jeter.

Au reste, comme ce n'était pas non plus les bonbons que Marie préférait, elle n'eut pas un bien vif regret du sacrifice qu'avait exigé d'elle le roi des souris ; et, croyant qu'il se contenterait de cette première contribution dont il l'avait frappée, elle fut fort satisfaite de penser qu'elle avait sauvé Casse-Noisette à si bon marché.

Malheureusement, sa satisfaction ne fut pas longue ; la nuit suivante, elle se réveilla en entendant piauler et siffloter à ses oreilles.

Hélas ! c'était encore le roi des souris, dont les yeux étincelaient plus horriblement que la nuit précédente, et qui, de sa même voix entremêlée de sifflements et de piaulements, lui dit :

— Il faut que tu me donnes tes poupées en sucre et en biscuit, petite fillette, ou sinon, je dévorerai ton ami Casse-Noisette.

Et, là-dessus, le roi des souris s'en alla tout en sautillant et disparut par son trou.

Le lendemain, Marie, fort affligée, s'en alla droit à l'armoire vitrée, et, arrivée là, elle jeta un regard mélancolique sur ses poupées en sucre et en biscuit ; et certes, sa douleur était bien naturelle, car jamais on n'avait vu plus friandes petites figures que celles que possédait la petite Marie.

— Hélas ! dit-elle en se tournant vers le casse-noisette, cher monsieur Drosselmayer, que ne ferais-je pas pour vous sauver ! Cependant, vous en conviendrez, ce qu'on exige de moi est bien dur.

Mais, à ces paroles, Casse-Noisette prit un air si lamentable, que Marie, qui croyait toujours voir les mâchoires du roi des souris s'ouvrir pour le dévorer, résolut de faire encore ce sacrifice pour sauver le malheureux jeune homme. Le soir même, elle mit donc les poupées de sucre et de biscuit sur le bord de l'armoire, comme la veille elle y avait mis les dragées et les massepains. Baisant cependant, en manière d'adieu, les uns après les autres, ses bergers, ses bergères et leurs moutons, cachant derrière toute la troupe un petit enfant aux joues arrondies qu'elle aimait particulièrement.

— Ah ! c'est trop fort ! s'écria le lendemain la présidente ; il faut décidément que d'affreuses souris aient établi leur domicile dans l'armoire vitrée, car toutes les poupées de la pauvre Marie sont dévorées.

A cette nouvelle, de grosses larmes sortirent des yeux de Marie ; mais presque aussitôt elles se séchèrent, firent place à un doux sourire, car intérieurement elle se disait :

— Qu'importent bergers, bergères et moutons, puisque Casse-Noisette est sauvé !

— Mais, dit Fritz, qui avait assisté d'un air réfléchi à toute la conversation, je te rappellerai, petite maman, que le boulanger a un excellent conseiller de légation gris, que l'on pourrait envoyer chercher, et qui mettra bientôt fin à tout ceci en croquant les souris les unes après les autres, et, après les souris, dame Souriçonne elle-même, et le roi des souris comme madame sa mère.

— Oui, répondit la présidente ; mais ton conseiller de légation, en sautant sur les tables et les cheminées, me mettra en morceaux mes tasses et mes verres.

— Ah ! ouiche ! dit Fritz, il n'y a pas de danger ; le conseiller de légation du boulanger est un gaillard trop adroit pour commettre de pareilles bévues, et je voudrais bien pouvoir marcher sur le bord des gouttières et sur la crête des toits avec autant d'adresse et de solidité que lui.

— Pas de chats dans la maison ! pas de chats ici ! s'écria la présidente, qui ne pouvait pas les souffrir.

— Mais, dit le président, attiré par le bruit, il y a quelque chose de bon à prendre dans ce qu'a dit M. Fritz : ce serait, au lieu d'un chat, d'employer des souricières.

— Pardieu ! s'écria Fritz, cela tombe à merveille, puisque c'est parrain Drosselmayer qui les a inventées.

Tout le monde se mit à rire, et, comme, après perquisitions faites dans la maison, il fut reconnu qu'il n'y existait aucun instrument de ce genre, on envoya chercher une excellente souricière chez parrain Drosselmayer, laquelle fut amorcée d'un morceau de lard, et tendue à l'endroit même où les souris avaient fait un si grand dégât la nuit précédente.

Marie se coucha donc dans l'espoir que, le lendemain, le roi des souris se trouverait pris dans la boîte, où ne pouvait manquer de le conduire sa gourmandise. Mais, vers les onze heures du soir, et comme elle était dans son premier sommeil, elle fut réveillée par quelque chose de froid et de velu qui sautillait sur ses bras et sur son visage; puis, au même instant, ce piaulement et ce sifflement qu'elle connaissait si bien retentit à ses oreilles. L'affreux roi des souris était là sur son traversin, les yeux scintillant d'une flamme sanglante, et ses sept gueules ouvertes, comme s'il était prêt à dévorer la pauvre Marie.

— Je m'en moque, je m'en moque, disait le roi des souris, je n'irai pas dans la petite maison, et ton lard ne me tente pas; je ne serai pas pris : je m'en moque. Mais il faut que tu me donnes tes livres d'images et ta petite robe de soie; autrement, prends-y garde, je dévorerai ton Casse-Noisette.

On comprend qu'après une telle exigence, Marie se réveilla le lendemain l'âme pleine de douleur et les yeux pleins de larmes. Aussi sa mère ne lui apprit-elle rien de nouveau lorsqu'elle lui dit que la souricière avait été inutile, et que le roi des souris s'était douté de quelque piège. Alors, comme la présidente sortait pour veiller aux apprêts du déjeuner, Marie entra dans le salon, et, s'avançant en sanglotant vers l'armoire vitrée :

— Hélas! mon bon et cher monsieur Drosselmayer, dit-elle, où donc cela s'arrêtera-t-il? Quand j'aurai donné au roi des souris mes jolis livres d'images à déchirer, et ma belle petite robe de soie, dont l'enfant Jésus m'a fait cadeau le jour de Noël, à mettre en morceaux, il ne sera pas content encore, et tous les jours m'en demandera davantage; si bien que, lorsque je n'aurai plus rien à lui donner, peut-être me dévorera-t-il à votre place. Hélas! pauvre enfant que je suis, que dois-je donc faire, mon bon et cher monsieur Drosselmayer? que dois-je donc faire?

Et tout en pleurant, et tout en se lamentant ainsi, Marie s'aperçut que Casse-Noisette avait au cou une tache de sang. Du jour où Marie avait appris que son protégé était le fils du marchand de joujoux et le neveu du conseiller de médecine, elle avait cessé de le porter dans ses bras, et ne l'avait plus ni caressé ni embrassé, et sa timidité à son égard était si grande, qu'elle n'avait pas même osé le toucher du bout du doigt. Mais en ce moment, voyant qu'il était blessé, et craignant que sa blessure ne fût dangereuse, elle le sortit doucement de l'armoire, et se mit à essuyer avec son mouchoir la tache de sang qu'il avait au cou. Mais quel fut son étonnement lorsqu'elle sentit tout à coup que Casse-Noisette commençait à se remuer dans sa main! Elle le reposa vivement sur son rayon; alors sa bouche s'agita de droite et de gauche, ce qui la fit paraître plus grande encore, et, à force de mouvements, finit à grand'peine par articuler ces mots :

— Ah! très-chère demoiselle Silberhaus, excellente amie à moi, que ne vous dois-je pas, et que de remerciements n'ai-je pas à vous faire! Ne sacrifiez donc pas pour moi vos livres d'images et votre robe de soie; procurez-moi seulement une épée, mais une bonne épée, et je me charge du reste.

Casse-Noisette voulait en dire plus long encore; mais ses paroles devinrent inintelligibles, sa voix s'éteignit tout à fait, et ses yeux, un moment animés par l'expression de la plus douce mélancolie, devinrent immobiles et atones. Marie n'éprouva aucune terreur; au contraire, elle sauta de joie, car elle était bien heureuse de pouvoir sauver Casse-Noisette, sans avoir à lui faire le sacrifice de ses livres d'images et de sa robe de soie. Une seule chose l'inquiétait, c'était de savoir où elle trouverait cette bonne épée que demandait le petit bonhomme; Marie résolut alors de s'ouvrir de son embarras à Fritz, que, à part sa forfanterie, elle savait être un obligeant garçon. Elle l'amena donc devant l'armoire vitrée, lui raconta tout ce qui lui était arrivé avec Casse-Noisette et le roi des souris, et finit par lui exposer le genre de service qu'elle attendait de lui. La seule chose qui impressionna Fritz dans ce récit, fut d'apprendre que bien réellement ses hussards avaient manqué de cœur au plus fort de la bataille; aussi demanda-t-il à Marie si l'accusation était bien vraie, et, comme il savait la petite fille incapable de mentir, sur son affirmation, il s'élança vers l'armoire, et fit à ses hussards un discours qui parut leur inspirer une grande honte. Mais ce ne fut pas tout : pour punir tout le régiment dans la personne de ses chefs, il dégrada les uns après les autres tous les officiers, et défendit expressément aux trompettes de jouer pendant un an la marche des *Hussards de la garde*; puis, se retournant vers Marie :

— Quant à Casse-Noisette, dit-il, qui me paraît un brave garçon, je crois que j'ai son affaire : comme j'ai mis hier à la réforme, avec sa pension, bien entendu, un vieux major de cuirassiers qui avait fini son temps de service, je présume qu'il n'a plus besoin de son sabre, lequel était une excellente lame.

Restait à trouver le major; on se mit à sa recherche, et on le découvrit mangeant la pension que Fritz lui avait faite, dans une petite auberge perdue, au coin le plus reculé du troisième rayon de l'armoire. Comme l'avait pensé Fritz, il ne fit aucune difficulté de rendre son sabre, qui lui était devenu inutile et qui fut, à l'instant même, passé au cou de Casse-Noisette.

La frayeur qu'éprouvait Marie l'empêcha de s'endormir la nuit suivante; aussi était-elle si bien éveillée, qu'elle entendit sonner les douze coups de l'horloge du salon. A peine la vibration du dernier coup eut-elle cessé, que de singulières rumeurs retentirent du côté de l'armoire, et qu'on entendit un grand cliquetis d'épées, comme si deux adversaires acharnés en venaient aux mains. Tout à coup l'un des deux combattants fit *couic!*

— Le roi des souris! s'écria Marie pleine de joie et de terreur à la fois.

Rien ne bougea d'abord; mais bientôt on frappa doucement, bien doucement à la porte, et une petite voix flûtée fit entendre ces paroles :

— Bien chère demoiselle Silberhaus, j'apporte une joyeuse nouvelle; ouvrez-moi donc, je vous en supplie.

Marie reconnut la voix du jeune Drosselmayer; elle passa en toute hâte sa petite robe et ouvrit lestement la porte. Casse-Noisette était là, tenant son sabre sanglant dans sa main droite, et une bougie dans sa main gauche. Aussitôt qu'il aperçut Marie, il fléchit le genou devant elle et dit :

— C'est vous seule, ô Madame, qui m'avez animé du courage chevaleresque que je viens de déployer, et qui avez donné à mon bras la force de combattre l'insolent qui osa vous menacer : ce misérable roi des souris est là, baigné dans son sang. Voulez-vous, ô Madame, ne pas dédaigner les trophées de la victoire, offerts de la main d'un chevalier qui vous sera dévoué jusqu'à la mort?

Et, en disant cela, Casse-Noisette tira de son bras gauche les sept couronnes d'or du roi des souris, qu'il y avait passées en guise de bracelets, et les offrit à Marie, qui les accepta avec joie.

Alors Casse-Noisette, encouragé par cette bienveillance, se releva et continua ainsi :

— Ah ! ma chère demoiselle Silberhaus, maintenant que j'ai vaincu mon ennemi, quelles admirables choses ne pourrais-je pas vous faire voir si vous aviez la condescendance de m'accompagner seulement pendant quelques pas. Oh ! faites-le, faites-le, ma chère demoiselle, je vous en supplie !

Marie n'hésita pas un instant à suivre Casse-Noisette, sachant combien elle avait de droits à sa reconnaissance, et étant bien certaine qu'il ne pouvait avoir aucun mauvais dessein sur elle.

— Je vous suivrai, dit-elle, mon cher monsieur Drosselmayer ; mais il ne faut pas que ce soit bien loin, ni que le voyage dure bien longtemps, car je n'ai pas encore suffisamment dormi.

— Je choisirai donc, dit Casse-Noisette le chemin le plus court, quoiqu'il soit le plus difficile.

Et, à ces mots, il marcha devant, et Marie le suivit.

LE ROYAUME DES POUPÉES.

Tous deux arrivèrent bientôt devant une vieille et immense armoire située dans un corridor tout près de la porte, et qui servait de garde-robe. Là, Casse-Noisette s'arrêta, et Marie remarqua, à son grand étonnement, que les battants de l'armoire, ordinairement si bien fermés, étaient tout grands ouverts, de façon qu'elle voyait à merveille la pelisse de voyage de son père, qui était en peau de renard, et qui se trouvait suspendue en avant de tous les autres habits; Casse-Noisette grimpa fort adroitement le long des lisières, et, en s'aidant des brandebourgs jusqu'à ce qu'il pût atteindre à la grande houppe qui, attachée par une grosse ganse, retombait sur le dos de cette pelisse, Casse-Noisette en tira aussitôt un charmant escalier de bois de cèdre, qu'il dressa de façon à ce que sa base touchât la terre et à ce que son extrémité supérieure se perdît dans la manche de la pelisse.

— Et maintenant, ma chère demoiselle, dit Casse-Noisette, ayez la bonté de me donner la main et de monter avec moi.

Marie obéit; et à peine eut-elle regardé par la manche, qu'une étincelante lumière brilla devant elle, et qu'elle se trouva tout à coup transportée au milieu d'une prairie embaumée, et qui scintillait comme si elle eût été toute parsemée de pierres précieuses.

— O mon Dieu! s'écria Marie tout éblouie, où sommes-nous donc, mon cher monsieur Drosselmayer?

— Nous sommes dans la plaine du sucre candi, Mademoiselle : mais nous ne nous y arrêterons pas, si vous le voulez bien, et nous allons tout de suite passer par cette porte.

Alors, seulement, Marie aperçut en levant les yeux une admirable porte par laquelle on sortait de la prairie. Elle semblait être construite de marbre blanc, de marbre rouge et de marbre brun ; mais, quand Marie se rapprocha, elle vit que toute cette porte n'était formée que de conserves à la fleur d'orange, de pralines et de raisin de Corinthe ; c'est pourquoi, à ce que lui apprit Casse-Noisette, cette porte était appelée la porte des Pralines.

Cette porte donnait sur une grande galerie supportée par des colonnes en sucre d'orge, sur laquelle galerie six singes vêtus de rouge faisaient une musique, sinon des plus mélodieuses, du moins des plus originales. Marie avait tant de hâte d'arriver, qu'elle ne s'apercevait même pas qu'elle marchait sur un pavé de pistaches et de macarons, qu'elle prenait tout bonnement pour du marbre. Enfin, elle atteignit le bout de la galerie, et à peine fut-elle en plein air, qu'elle se trouva environnée des plus délicieux parfums, lesquels s'échappaient d'une charmante petite forêt qui s'ouvrait devant elle. Cette forêt, qui eût été sombre sans la quantité de lumières qu'elle contenait, était éclairée d'une façon si resplendissante, qu'on distinguait parfaitement les fruits d'or et d'argent qui étaient suspendus aux branches ornées de rubans et de bouquets et pareilles à de joyeux mariés.

— O mon cher monsieur Drosselmayer, s'écria Marie, quel est ce charmant endroit, je vous prie?

— Nous sommes dans la forêt de Noël, Mademoiselle, dit Casse-Noisette, et c'est ici qu'on vient chercher les arbres auxquels l'enfant Jésus suspend ses présents.

— Oh ! continua Marie, ne pourrais-je donc pas m'arrêter ici un instant? On y est si bien et il y sent si bon !

Aussitôt Casse-Noisette frappa entre ses deux mains, et plusieurs bergers et bergères, chasseurs et chasseresses sortirent de la forêt, si délicats et si blancs, qu'ils semblaient de sucre raffiné. Ils apportaient un charmant fauteuil de chocolat incrusté d'angélique, sur lequel ils disposèrent un coussin de jujube, et invitèrent fort poliment Marie à s'y asseoir. A peine y fut-elle, que, comme cela se pratique dans les opéras, les bergers et les bergères, les chasseurs et les chasseresses prirent leurs positions, et commencèrent à danser un charmant ballet accompagné de cors, dans lesquels les chasseurs soufflaient d'une façon très-mâle, ce qui colora leur visage de manière que leurs joues semblaient faites de conserves de roses. Puis, le pas fini, ils disparurent tous dans un buisson.

— Pardonnez-moi, chère demoiselle Silberhaus, dit alors Casse-Noisette en tendant la main à Marie pardonnez-moi de vous avoir offert un si chétif ballet; mais ces marauds-là ne savent que répéter éternellement le même pas qu'ils ont déjà fait cent fois. Quant aux chasseurs, ils ont soufflé dans leurs cors comme des fainéants, et je vous réponds qu'ils auront affaire à moi. Mais laissons là ces drôles, et continuons la promenade, si elle vous plaît.

— J'ai cependant trouvé tout cela bien charmant, dit Marie se rendant à l'invitation de Casse-Noisette, et il me semble, mon cher monsieur Drosselmayer, que vous êtes injuste pour nos petits danseurs.

Casse-Noisette fit une moue qui voulait dire : « Nous verrons, et votre indulgence leur sera comptée. » Puis ils continuèrent leur chemin, et arrivèrent sur les bords d'une rivière qui semblait exhaler tous les parfums qui embaumaient l'air.

— Ceci, dit Casse-Noisette sans même attendre que Marie l'interrogeât, est la rivière Orange. C'est une des plus petites du royaume; car, excepté sa bonne odeur, elle ne peut être comparée au fleuve Limonade, qui se jette dans la mer du Midi qu'on appelle la mer de Punch, ni au lac Orgeat, qui se jette dans la mer du Nord, qu'on appelle la mer de Lait d'amandes.

Non loin de là était un petit village, dans lequel les maisons, les églises, le presbytère du curé, tout enfin était brun; seulement, les toits en étaient dorés, et les murailles resplendissaient incrustées de petits bonbons roses, bleus et blancs.

— Ceci est le village de Massepains, dit Casse-Noisette; c'est un gentil bourg, comme vous voyez, situé sur le ruisseau de Miel. Les habitants en sont assez agréables à voir; seulement, on les trouve sans cesse de mauvaise humeur, attendu qu'ils ont toujours mal aux dents. Mais, chère demoiselle Silberhaus, continua Casse-Noisette, ne nous arrêtons pas, je vous prie, à visiter tous les villages et toutes les petites villes de ce royaume. A la capitale, à la capitale!

Casse-Noisette s'avança alors tenant toujours Marie par la main, mais plus lestement qu'il ne l'avait fait encore; car Marie, pleine de curiosité, marchait côte à côte avec lui, légère comme un oiseau. Enfin, au bout de quelque temps, un parfum de roses se répandit dans l'air, et tout, autour d'eux, prit une couleur rose. Marie remarqua que c'était l'odeur et le reflet d'un fleuve d'essence de rose qui roulait ses petits flots avec une charmante mélodie. Sur les eaux parfumées, des cygnes d'argent, ayant au cou des colliers d'or, glissaient lentement en chantant entre eux les plus délicieuses chansons, à ce point que cette harmonie, qui les réjouissait fort, à ce qu'il paraît, faisait sautiller autour d'eux des poissons de diamant.

— Ah! s'écria Marie, voilà le joli fleuve que parrain Drosselmayer voulait me faire à Noël, et moi, je suis la petite fille qui caressait les cygnes.

LE VOYAGE

Casse-Noisette frappa encore une fois dans ses deux mains; alors le fleuve d'essence de rose se gonfla visiblement, et, de ses flots agités, sortit un char de coquillages couvert de pierreries étincelant au soleil, et traîné par des dauphins d'or. Douze charmants petits Maures, avec des bonnets en écailles de dorade et des habits en plumes de colibri, sautèrent sur le rivage, et portèrent doucement Marie d'abord, et ensuite Casse-Noisette, dans le char, qui se mit à cheminer sur l'eau.

C'était, il faut l'avouer, une ravissante chose, et qui pourrait se comparer au voyage de Cléopâtre remontant le Cydnus, que de voir Marie sur son char de coquillages, embaumée de parfums, flottant sur des vagues d'essence de rose, s'avançant traînée par des dauphins d'or, qui relevaient la tête et lançaient en l'air des gerbes brillantes de cristal rosé qui retombaient en pluie diaprée de toutes les couleurs de l'arc-en-ciel. Enfin, pour que la joie pénétrât par tous les sens, une douce harmonie commençait de retentir, et l'on entendait de petites voix argentines qui chantaient :

« Qui donc vogue ainsi sur le fleuve d'essence de rose? Est-ce la fée Mab ou la reine Titania? Répondez, petits poissons qui scintillez sous les vagues, pareils à des éclairs liquides; répondez, cygnes gracieux qui glissez à la surface de l'eau; répondez, oiseaux aux vives couleurs qui traversez l'air comme des fleurs volantes. »

Et, pendant ce temps, les douze petits Maures qui avaient sauté derrière le char de coquillages secouaient en cadence leurs petits parasols garnis de sonnettes, à l'ombre desquels ils abritaient Marie, tandis que celle-ci, penchée sur les flots, souriait au charmant visage qui lui souriait dans chaque vague qui passait devant elle.

Ce fut ainsi qu'elle traversa le fleuve d'essence de rose et s'approcha de la rive opposée. Puis, lorsqu'elle n'en fut plus qu'à la longueur d'une rame, les douze Maures sautèrent, les uns à l'eau, les autres sur le rivage, et, faisant la chaîne, ils portèrent, sur un tapis d'angélique tout parsemé de pastilles de menthe, Marie et Casse-Noisette.

Restait à traverser un petit bosquet, plus joli peut-être encore que la forêt de Noël, tant chaque arbre brillait et étincelait de sa propre essence. Mais ce qu'il y avait de remarquable surtout, c'étaient les fruits pendus aux branches, et qui n'étaient pas seulement d'une couleur et d'une transparence singulières, les les uns jaunes comme des topazes, les autres rouges comme des rubis, mais encore d'un parfum étrange.

— Nous sommes dans le bois des Confitures, dit Casse-Noisette, et au delà de cette lisière est la capitale.

Et, en effet, Marie écarta les dernières branches, et resta stupéfaite en voyant l'étendue, la magnificence et l'originalité de la ville qui s'élevait devant elle, sur une pelouse de fleurs. Non-seulement les murs et les clochers resplendissaient des plus vives couleurs, mais encore, pour la forme des bâtiments, il n'y avait point à espérer d'en rencontrer de pareils sur la terre. Quant aux remparts et aux portes, ils étaient entièrement construits avec des fruits glacés qui brillaient au soleil de leur propre couleur, rendue plus brillante encore par le sucre cristallisé qui les recouvrait. A la porte principale, et qui fut celle par laquelle ils firent leur entrée, des soldats d'argent leur présentèrent les armes, et un petit homme, enveloppé d'une robe de chambre de brocart d'or, se jeta au cou de Casse-Noisette en lui disant :

— Oh ! cher prince, vous voilà donc enfin ! Soyez le bienvenu à Confiturembourg.

Marie s'étonna un peu du titre pompeux qu'on donnait à Casse-Noisette ; mais elle fut bientôt distraite de son étonnement par une rumeur formée d'une telle quantité de voix qui jacassaient en même temps, qu'elle demanda à Casse-Noisette s'il y avait, dans la capitale du royaume des poupées, quelque émeute ou quelque fête.

— Il n'y a rien de tout cela, chère demoiselle Silberhaus, répondit Casse-Noisette ; mais Confiturembourg est une ville joyeuse et peuplée qui fait grand bruit à la surface de la terre ; et cela se passe tous les jours, comme vous allez le voir pour aujourd'hui ; seulement, donnez-vous la peine d'avancer, voilà tout ce que je vous demande.

Marie, poussée à la fois par sa propre curiosité et par l'invitation si polie de Casse-Noisette, hâta sa marche, et se trouva bientôt sur la place du grand marché, qui avait un des plus magnifiques aspects qui se pût voir. Toutes les maisons d'alentour étaient en sucreries, montées à jour, avec galeries sur galeries ; et, au milieu de la place, s'élevait, en forme d'obélisque, une gigantesque brioche, du milieu de laquelle s'élançaient quatre fontaines de limonade, d'orangeade, d'orgeat et de sirop de groseille. Quant aux bassins, ils étaient remplis d'une crème si fouettée et si appétissante, que beaucoup de gens très-bien mis, et qui paraissaient on ne peut plus comme il faut, en mangeaient publiquement à la cuiller. Mais ce qu'il y avait de plus agréable et de plus récréatif à la fois, c'étaient de charmantes petites gens qui se coudoyaient et se promenaient par milliers, bras dessus bras dessous, riant, chantant et causant à pleine voix, ce qui occasionnait ce joyeux tumulte que Marie avait entendu. Il y avait là, outre les habitants de la capitale, des hommes de tous les pays : Arméniens, Juifs, Grecs, Tyroliens, officiers, soldats, prédicateurs, capucins, bergers et polichinelles ; enfin toute espèce de gens, de bateleurs et de sauteurs, comme on en rencontre dans le monde.

Bientôt le tumulte redoubla à l'entrée d'une rue qui donnait sur la place, et le peuple s'écarta pour laisser passer un cortége. C'était le Grand Mogol qui se faisait porter sur un palanquin, accompagné de quatre-vingt-treize grands de son royaume et sept cents esclaves ; mais, en ce moment même, il se trouva, par hasard, que, par la rue parallèle, arriva le Grand Sultan à cheval, lequel était accompagné de trois cents janissaires. Les deux souverains avaient toujours été quelque peu rivaux et, par conséquent, ennemis ; ce qui faisait que les gens de leurs suites se rencontraient rarement sans que cette rencontre amenât quelque rixe. Ce fut bien autre chose, on le comprendra facilement, quand ces deux puissants monarques se trouvèrent en face l'un de l'autre ; d'abord, ce fut une confusion du milieu de laquelle essayèrent de se tirer les gens du pays ; mais bientôt on entendit les cris de fureur et de désespoir : un jardinier qui se sauvait avait abattu, avec le manche de sa bêche, la tête d'un bramine fort considéré dans sa caste, et le Grand Sultan lui-même avait renversé de son cheval un polichinelle alarmé qui avait passé entre les jambes de son quadrupède ; le brouhaha allait en augmentant, quand l'homme à la robe de chambre de brocart, qui, à la porte de la ville, avait salué Casse-Noisette du titre de prince, grimpa d'un seul élan tout en haut de la brioche, et, ayant sonné trois fois d'une cloche claire, bruyante et argentine, s'écria trois fois :

— Confiseur ! confiseur ! confiseur !

Aussitôt le tumulte s'apaisa ; les deux cortéges embrouillés se débrouillèrent ; on brossa le Grand Sultan qui était couvert de poussière ; on remit la tête au bramine, en lui recommandant de ne pas éternuer de trois jours, de peur qu'elle ne se décollât ; puis, le calme rétabli, les allures joyeuses recommencèrent, et chacun revint puiser de la limonade, de l'orangeade et du sirop de groseille à la fontaine, et manger de la crème à pleines cuillers dans ses bassins.

— Mais, mon cher monsieur Drosselmayer, dit Marie, quelle est donc la cause de l'influence exercée sur ce petit peuple par ce mot trois fois répété : « Confiseur, confiseur, confiseur ? »

— Il faut vous dire, Mademoiselle, répondit Casse-Noisette, que le peuple de Confiturembourg croit, par expérience, à la métempsycose, et est soumis à l'influence supérieure d'un principe appelé *confiseur*, lequel principe lui donne, selon son caprice, et en le soumettant à une cuisson plus ou moins prolongée, la forme qui lui plaît. Or, comme chacun croit toujours sa forme la meilleure, il n'y a jamais personne qui se soucie d'en changer ; voilà d'où vient l'influence magique de ce mot *confiseur*, sur les Confiturembourgeois, et comment ce mot, prononcé par le bourgmestre, suffit pour apaiser le plus grand tumulte, comme vous venez de le voir : chacun, à l'instant même, oublie les choses terrestres, les côtes enfoncées et les bosses à la tête ; puis, rentrant en lui-même, se dit : « Mon Dieu ! qu'est-ce que l'homme, et que ne peut-il pas devenir ? »

Tout en causant ainsi, on était arrivé en face d'un palais répandant une lueur rose et surmonté de cent tourelles élégantes et aériennes ; les murs en étaient parsemés de bouquets de violettes, de narcisses, de tulipes et de jasmins qui rehaussaient de couleurs variées le fond rosé sur lequel il se détachait. La grande coupole du milieu était parsemée de milliers d'étoiles d'or et d'argent.

— Oh ! mon Dieu, s'écria Marie, quel est donc ce merveilleux édifice ?

— C'est le palais des Massepains, répondit Casse-Noisette, c'est-à-dire l'un des monuments les plus remarquables de la capitale du royaume des poupées.

Cependant, toute perdue qu'elle était dans son admiration contemplative, Marie ne s'en aperçut pas moins que la toiture d'une des grandes tours manquait entièrement, et que des petits bonshommes de pain d'épice, montés sur un échafaudage de cannelle, étaient occupés à la rétablir. Elle allait questionner Casse-Noisette sur cet accident, lorsque, prévenant son intention :

— Hélas! dit-il, il y a peu de temps que ce palais a été menacé de grandes dégradations, si ce n'est d'une ruine entière. Le géant Bouche-Friande mordit légèrement cette tour, et il avait même déjà commencé de grignoter la coupole, lorsque les Confiturembourgeois vinrent lui apporter en tribut un quartier de la ville, nommé Nougat, et une grande portion de la forêt Angélique; moyennant quoi, il consentit à s'éloigner, sans avoir fait d'autres dégâts que celui que vous voyez.

Dans ce moment, on entendit une douce et charmante musique.

Les portes du palais s'ouvrirent d'elles-mêmes, et douze petits pages en sortirent, portant dans leurs mains des brins d'herbe aromatique, allumés en guise de flambeaux; leurs têtes étaient composées d'une perle; six d'entre eux avaient le corps fait de rubis, et six autres d'émeraudes, et avec cela ils trottaient fort joliment sur deux petits pieds d'or ciselés avec le plus grand soin et dans le goût de Benvenuto Cellini.

Ils étaient suivis de quatre dames de la taille tout au plus de mademoiselle Clairchen, sa nouvelle poupée, mais si splendidement vêtues, si richement parées, que Marie ne put méconnaître en elles les princesses royales de Confiturembourg. Toutes quatre, en apercevant Casse-Noisette, s'élancèrent à son cou avec la plus tendre effusion, s'écriant en même temps et d'une seule voix :

— O mon prince! mon excellent prince!... O mon frère! mon excellent frère!

Casse-Noisette paraissait fort touché; il essuya les nombreuses larmes qui coulaient de ses yeux, et, prenant Marie par la main, il dit pathétiquement, en s'adressant aux quatre princesses :

— Mes chères sœurs, voici mademoiselle Marie Silberhaus que je vous présente; c'est la fille de M. le président Silberhaus, de Nuremberg, homme fort considéré dans la ville qu'il habite. C'est elle qui a sauvé ma vie; car, si, au moment où je venais de perdre la bataille, elle n'avait pas jeté sa pantoufle au roi des souris, et si, plus tard, elle n'avait pas eu la bonté de me prêter le sabre d'un major mis à la retraite par son frère, je serais maintenant couché dans le tombeau, ou, qui pis est encore, dévoré par le roi des souris. Ah! chère demoiselle Silberhaus, s'écria Casse-Noisette dans un enthousiasme qu'il ne pouvait plus maîtriser, Pirlipate, la princesse Pirlipate, toute fille du roi qu'elle était, n'était pas digne de dénouer les cordons de vos jolis petits souliers.

— Oh! non, non, bien certainement, répétèrent en chœur les quatre princesses.

Et, se jetant au cou de Marie, elles s'écrièrent :

— O noble libératrice de notre cher et bien-aimé prince et frère! ô excellente demoiselle Silberhaus!

Et, avec ces exclamations, que leur cœur gonflé de joie ne leur permettait pas de développer davantage, les quatre princesses conduisirent Marie et Casse-Noisette dans l'intérieur du palais, les forcèrent de s'asseoir sur de charmants petits canapés en bois de cèdre et du Brésil, parsemés de fleurs d'or, disant qu'elles voulaient elles-mêmes préparer leur repas. En conséquence, elles allèrent chercher une quantité de petits vases et de petites écuelles de la plus fine porcelaine du Japon, des cuillers, des couteaux, des fourchettes, des casseroles et autres ustensiles de cuisine tout en or et en argent; apportèrent les plus beaux fruits et les plus délicieuses sucreries que Marie eût jamais vus, et commencèrent à se trémousser de telle façon, que Marie vit bien que les princesses de Confiturembourg s'entendaient merveilleusement à faire la cuisine. Or, comme Marie s'entendait aussi très-bien à ces sortes de choses, elle souhaitait intérieurement de prendre une part active à ce qui se passait; alors, comme si elle eût pu deviner le vœu intérieur de Marie, la plus jolie des quatre sœurs de Casse-Noisette lui tendit un petit mortier d'or et lui dit :

— Chère libératrice de mon frère, pilez-moi, je vous prie, de ce sucre candi.

Marie s'empressa de se rendre à l'invitation, et, tandis qu'elle frappait si gentiment dans le mortier, qu'il en sortait une mélodie charmante, Casse-Noisette se mit à raconter dans le plus grand détail toutes ses aventures; mais, chose étrange, il semblait à Marie, pendant ce récit, que peu à peu les mots du jeune Drosselmayer, ainsi que le bruit du mortier, n'arrivaient plus qu'indistinctement à son oreille; bientôt, elle se vit enveloppée comme d'une légère vapeur; puis la vapeur se changea en une gaze d'argent, qui s'épaissit de plus en plus autour d'elle, et qui peu à peu lui déroba la vue de Casse-Noisette et des princesses ses sœurs. Alors des chants étranges, qui lui rappelaient ceux qu'elle avait entendus sur le fleuve d'essence de rose, se firent entendre mêlés au murmure croissant des eaux; puis il sembla à Marie que les vagues passaient sous elle et la soulevaient en se gonflant. Elle sentit qu'elle montait haut, plus haut, bien plus haut, plus haut encore, et prrrrrrrou! et, paff! qu'elle tombait d'une hauteur qu'elle ne pouvait mesurer.

CONCLUSION.

On ne fait pas une chute de quelques mille pieds sans se réveiller; aussi Marie se réveilla, et, en se réveillant, se retrouva dans son petit lit. Il faisait grand jour, et sa mère était près d'elle, lui disant :

— Est-il possible d'être aussi paresseuse que tu l'es? Voyons, réveillons-nous; habillons-nous bien vite, car le déjeuner nous attend.

— Oh! chère petite mère, dit Marie en ouvrant ses grands yeux étonnés, où donc m'a conduit cette nuit le jeune M. Drosselmayer, et quelles admirables choses ne m'a-t-il pas fait voir?

Alors Marie raconta tout ce que nous venons de

raconter nous-même, et, lorsqu'elle eut fini, sa mère lui dit :

— Tu as fait là un bien long et bien charmant rêve, chère petite Marie ; mais, maintenant que tu es réveillée, il faudrait oublier tout cela, et venir faire ton premier déjeuner.

Mais Marie, tout en s'habillant, persista à soutenir que ce n'était point un rêve, et qu'elle avait bien réellement vu tout cela. Sa mère alors alla vers l'armoire, prit Casse-Noisette, qui était, comme d'habitude, sur son troisième rayon, l'apporta à la petite fille, et lui dit :

— Comment peux-tu t'imaginer, folle enfant, que cette poupée, qui est composée de bois et de drap, puisse avoir la vie, le mouvement et la réflexion?

— Mais, chère maman, reprit avec impatience la petite Marie, je sais parfaitement, moi, que Casse-Noisette n'est autre que le jeune M. Drosselmayer, neveu du parrain.

Alors Marie entendit un grand éclat de rire derrière elle.

C'étaient le président, Fritz et mademoiselle Trudchen qui s'en donnaient à cœur joie à ses dépens.

— Ah ! s'écria Marie, ne voilà-t-il pas que tu te moques aussi de mon Casse-Noisette, cher papa? Il a cependant respectueusement parlé de toi, quand nous sommes entrés dans le palais de Massepains, et qu'il m'a présentée aux princesses ses sœurs.

Les éclats de rire redoublèrent de telle façon, que Marie comprit qu'il lui fallait donner une preuve de la vérité de ce qu'elle avait dit, sous peine d'être traitée comme une folle.

Elle passa alors dans la chambre voisine, et y prit une petite cassette dans laquelle elle avait soigneusement enfermé les sept couronnes du roi des souris; puis elle revint en disant :

— Tiens, chère maman, voici cependant les couronnes du roi des souris, que Casse-Noisette m'a données la nuit dernière en signe de sa victoire.

La présidente alors, pleine de surprise, prit et regarda ces petites couronnes, qui, en métal inconnu et fort brillant, étaient ciselées avec une finesse dont les mains humaines n'eussent point été capables. Le président lui-même ne pouvait cesser de les examiner, et les jugeait si précieuses, que, quelles que fussent les instances de Fritz, qui se dressait sur la pointe des pieds pour les voir, et qui demandait à les toucher, il ne voulut pas lui en confier une seule.

Alors le président et la présidente se mirent à presser Marie de leur dire d'où venaient ces petites couronnes; mais elle ne pouvait que persister dans ce qu'elle avait dit ; et, quand son père, impatienté de ce qu'il croyait un entêtement de sa part, l'eut appelée menteuse, elle se mit à fondre en larmes et à s'écrier :

— Hélas ! pauvre enfant que je suis, que voulez-vous que je vous dise?

En ce moment, la porte s'ouvrit; le conseiller de médecine parut, et s'écria à son tour :

— Mais qu'y a-t-il donc ? et qu'a-t-on fait à ma filleule Marie, qu'elle pleure, qu'elle sanglote ainsi ? Qu'est-ce que c'est? qu'est-ce c'est donc ?

Le président instruisit le nouveau venu de tout ce qui était arrivé, et, le récit terminé, il lui montra les couronnes; mais à peine les eut-il vues, qu'il se mit à rire.

— Ah ! ah ! dit-il, la plaisanterie est bonne ! ce sont les sept couronnes que je portais à la chaîne de ma montre, il y a quelques années, et dont je fis présent à ma filleule le jour du deuxième anniversaire de sa naissance ; ne vous le rappelez-vous pas, cher président?

Mais le président et la présidente eurent beau chercher dans leur mémoire, ils n'avaient gardé aucun souvenir de ce fait ; cependant, s'en rapportant à ce que disait le parrain, leurs figures reprirent peu à peu leur expression de bonté ordinaire ; ce que voyant Marie, elle s'élança vers le conseiller de médecine en s'écriant :

— Mais tu sais tout cela, toi, parrain Drosselmayer; avoue donc que Casse-Noisette est ton neveu, et que c'est lui qui m'a donné ces sept couronnes.

Mais parrain Drosselmayer parut prendre fort mal la chose; son front se plissa, et sa figure s'assombrit de telle façon, que le président, appelant la petite Marie, et la prenant entre ses jambes, lui dit :

— Écoute-moi, ma chère enfant, car c'est sérieusement que je te parle : fais-moi le plaisir, une fois pour toutes, de mettre de côté ces folles imaginations ; car, s'il t'arrive encore de dire que ton vilain et informe Casse-Noisette est le neveu de notre ami le conseiller de médecine, je te préviens que je jetterai non-seulement M. Casse-Noisette, mais encore toutes les autres poupées, mademoiselle Claire comprise, par la fenêtre.

La pauvre Marie n'osa donc plus parler de toutes les belles choses dont son imagination était remplie; mais mes jeunes lecteurs, et surtout mes jeunes lectrices, comprendront que, lorsqu'on a voyagé une fois dans un pays aussi attrayant que le royaume des poupées, et qu'on a vu une ville aussi succulente que Confiturembourg, ne l'eût-on vue qu'une heure, on ne perd pas facilement un pareil souvenir; elle essaya donc de parler à son frère de toute son histoire. Mais Marie avait perdu toute sa confiance du moment où elle avait osé dire que ses hussards avaient pris la fuite ; en conséquence, convaincu, sur l'affirmation paternelle, que Marie avait menti, Fritz rendit à ses officiers les grades qu'il leur avait enlevés, et permit à ses trompettes de jouer de nouveau la marche des hussards de la garde, réhabilitation qui n'empêcha pas Marie de croire ce qu'il lui plut sur leur courage.

Marie n'osait donc plus parler de ses aventures ; cependant, les souvenirs du royaume des poupées l'assiégeaient sans cesse, et, lorsqu'elle arrêtait son esprit sur ces souvenirs, elle revoyait tout, comme si elle eût été encore ou dans la forêt de Noël, ou sur le fleuve d'essence de rose, ou dans la ville de Confiturembourg ; de sorte qu'au lieu de jouer comme auparavant avec ses joujoux, elle s'asseyait immobile et silencieuse, tout à ses réflexions intérieures, et que tout le monde l'appelait la petite rêveuse.

Mais, un jour que le conseiller de médecine, se

perruque de verre posée sur le parquet, sa langue passée dans le coin de sa bouche, les manches de sa redingote jaune retroussée, réparait, à l'aide d'un long instrument pointu, quelque chose qui était désorganisé dans une pendule, il arriva que Marie, qui était assise près de l'armoire vitrée, et qui, selon son habitude, regardait Casse-Noisette, se plongea si bien dans ses rêveries, que, oubliant tout à coup que, non-seulement le parrain Drosselmayer, mais encore sa mère, étaient là, il lui échappa involontairement de s'écrier :

— Ah! cher monsieur Drosselmayer! si vous n'étiez pas un bonhomme de bois, comme le soutient mon père, et si vous existiez véritablement, que je ne ferais pas comme la princesse Pirlipate, et que je ne vous délaisserais pas parce que, pour m'obliger, vous auriez cessé d'être un charmant jeune homme; car je vous aime véritablement, moi, ah!...

Mais à peine venait-elle de pousser ce soupir, qu'il se fit par la chambre un tel tintamarre, que Marie se renversa tout évanouie du haut de sa chaise à terre. Quand elle revint à elle, Marie se trouvait entre les bras de sa mère, qui lui dit :

— Comment est-il possible qu'une grande fille comme toi, je te le demande, soit assez bête pour se laisser tomber en bas de sa chaise, et cela juste au moment où le neveu de M. Drosselmayer, qui a terminé ses voyages, vient d'arriver à Nuremberg?... Voyons, essuie tes yeux et sois gentille.

En effet, Marie essuya ses yeux, et, les tournant vers la porte, qui s'ouvrait en ce moment, elle aperçut le conseiller de médecine, sa perruque de verre sur la tête, son chapeau sous le bras, sa redingote jaune sur le dos, qui souriait d'un air satisfait, et tenait par la main un jeune homme très-petit, mais fort bien tourné et tout à fait joli.

Ce jeune homme portait une superbe redingote de velours rouge, brodé d'or, des bas de soie blancs et des souliers lustrés avec le plus beau vernis. Il avait à son jabot un charmant bouquet de fleurs, et était très-coquettement frisé et poudré, tandis que derrière son dos pendait une tresse nattée avec la plus grande perfection. En outre, la petite épée qu'il avait au côté semblait être toute de pierres précieuses, et le chapeau qu'il portait sous le bras était tissu de la plus fine soie.

Les mœurs aimables de ce jeune homme se firent connaître sur-le-champ; car à peine fut-il entré, qu'il déposa aux pieds de Marie une quantité de magnifiques joujoux, mais principalement les plus beaux massepains et les plus excellents bonbons qu'elle eût mangés de sa vie, si ce n'est cependant ceux qu'elle avait goûtés dans le royaume des poupées. Quant à Fritz, le neveu du conseiller de médecine, comme s'il eût pu deviner les goûts guerriers du fils du président, il lui apportait un sabre du plus fin damas. Ce n'est pas tout. A table, et lorsqu'on fut arrivé au dessert, l'aimable créature cassa des noisettes pour toute la société; les plus dures ne lui résistaient pas une seconde : de la main droite, il les plaçait entre ses dents; de la gauche, il tirait sa tresse, et, crac! la noisette tombait en morceaux.

Marie était devenue fort rouge quand elle avait aperçu ce joli petit bonhomme, mais elle devint plus rouge encore lorsque, le dîner fini, il l'invita à passer avec lui dans la chambre à l'armoire vitrée.

— Allez, allez, mes enfants, et amusez-vous ensemble, dit le parrain; je n'ai plus besoin au salon, puisque toutes les horloges de mon ami le président vont bien.

Les deux jeunes gens entrèrent au salon; mais à peine le jeune Drosselmayer fut-il seul avec Marie, qu'il mit un genou en terre et lui parla ainsi :

— Oh! mon excellente demoiselle Silberhaus! vous voyez ici à vos pieds l'heureux Drosselmayer, à qui vous sauvâtes la vie à cette même place. Vous eûtes, en outre, la bonté de dire que vous ne m'eussiez pas repoussé comme l'a fait la vilaine princesse Pirlipate, si, pour vous servir, j'étais devenu affreux. Or, comme le sort qu'avait jeté sur moi la reine des souris devait perdre toute son influence du jour où, malgré ma laide figure, je serais aimé d'une jeune et jolie personne, je cessai à l'instant même d'être un stupide casse-noisette, et je repris ma forme première, qui n'est pas désagréable, comme vous pouvez le voir. Ainsi donc, ma chère demoiselle, si vous êtes toujours dans les mêmes sentiments à mon égard, faites-moi la grâce de m'accorder votre main bien-aimée, partagez mon trône et ma couronne, et régnez avec moi sur le royaume des poupées; car, à cette heure, j'en suis redevenu le roi.

Alors Marie releva doucement le jeune Drosselmayer, et lui dit :

— Vous êtes un aimable et bon roi, Monsieur, et, comme vous avez avec cela un charmant royaume, orné de palais magnifiques, et peuplé de sujets très-gais, je vous accepte, sauf la ratification de mes parents, pour mon fiancé.

Là-dessus, comme la porte du salon s'était ouverte tout doucement, sans que les jeunes gens y fissent attention, tant ils étaient préoccupés de leurs sentiments, le président, la présidente et le parrain Drosselmayer s'avancèrent, criant bravo de toutes leurs forces; ce qui rendit Marie rouge comme une cerise, mais ce qui ne déconcerta nullement le jeune homme, lequel s'avança vers le président et la présidente, et, avec un salut gracieux, leur fit un joli compliment, par lequel il sollicitait la main de Marie, qui lui fut accordée à l'instant.

Le même jour, Marie fut fiancée au jeune Drosselmayer, à la condition que le mariage ne se ferait que dans un an.

Au bout d'un an, le fiancé revint chercher sa femme dans une petite voiture de nacre incrustée d'or et d'argent, traînée par des chevaux qui n'étaient pas plus gros que des moutons, et qui valaient un prix inestimable, vu qu'ils n'avaient pas leurs pareils dans le monde, et il l'emmena dans le palais de Massepains, où ils furent mariés par le chapelain du château, et où vingt-deux mille petites figures, toutes couvertes de perles, de diamants et de pierreries éblouissantes, dansèrent à leur noce. Si bien qu'à l'heure qu'il est, Marie est encore reine du beau royaume où l'on aperçoit partout de brillantes forêts de Noël, des fleuves d'orangeade, d'orgeat et d'essence de rose, des palais diaphanes en sucre plus fin que la neige et plus transparent que la glace; enfin, toutes sortes de choses magnifiques et miraculeuses, pourvu qu'on ait d'assez bons yeux pour les voir.

FIN DE L'HISTOIRE D'UN CASSE-NOISETTE.

L'ÉGOÏSTE

Carl avait hérité, de son père, d'une ferme avec ses troupeaux, son bétail et ses récoltes; les granges, les étables et les bûchers regorgeaient de richesses, et pourtant, chose étrange à dire, Carl ne paraissait rien voir de tout cela; son seul désir était d'amasser davantage, et il travaillait nuit et jour, comme s'il eût été le plus pauvre paysan du village. Il était connu pour être le moins généreux de tous les fermiers de la contrée, et aucun individu, pouvant gagner sa vie ailleurs, n'aurait été travailler chez lui. Son personnel changeait continuellement, parce que ses domestiques, qu'il laissait souffrir de la faim, se décourageaient promptement et le quittaient. Ceci l'inquiétait fort peu, car il avait une bonne et aimable sœur, Amil était une excellente ménagère, et s'occupait sans cesse du bien-être de Carl; quoiqu'elle s'efforçât, de son côté, de compenser la parcimonie de son frère par sa générosité, elle ne pouvait pas grand'chose, car il y regardait de trop près.

Carl était si égoïste, qu'il dînait toujours seul, parce qu'il était alors sûr d'avoir son dîner bien chaud, et de n'avoir que lui seul à servir; tandis que sa sœur, ayant mangé un morceau à part, pouvait ensuite s'occuper uniquement de lui. Il donnait pour raison qu'il n'aimait pas à faire attendre, n'étant pas sûr de son temps; toutefois, il ne manquait jamais d'arriver exactement à l'heure qu'il avait fixée lui-même pour son dîner. Il est donc bien avéré que Carl était égoïste; c'est une qualité peu enviable.

Amil était recherchée par un homme très-bien posé pour faire son chemin dans le monde; néanmoins, Carl lui battait froid, parce qu'il craignait de perdre sa sœur, qui le servait sans exiger de gages. Vous devez comprendre qu'ils n'étaient pas fort bons amis, car le motif de la froideur de Carl était trop apparent pour ne pas sauter aux yeux des personnes les moins clairvoyantes; mais Carl se moquait bien d'avoir des amis! Il disait toujours qu'il portait ses meilleurs amis dans sa bourse; mais, hélas! ces amis-là étaient, au contraire, ses plus grands ennemis.

Un matin qu'en contemplation devant un champ de blé, dont les épis dorés se balançaient autour de lui, il calculait ce que ce champ pourrait lui rapporter, Carl sentit tout à coup la terre remuer sous ses pieds.

— Ce doit être une énorme taupe, se dit-il en reculant, tout prêt à assommer la bête, dès qu'elle paraîtrait.

Mais la terre s'amoncela bientôt en masses si impétueuses, que maître Carl fut renversé, et se trouva fort penaud d'avoir voulu jauger sa récolte.

Son épouvante augmenta considérablement, lorsqu'il vit s'élever de terre, non une taupe, mais un gnome de l'aspect le plus étrange, vêtu d'un beau pourpoint cramoisi, avec une longue plume flottant à son bonnet. Le gnome jeta sur Carl un regard qui ne présageait rien de bon.

— Comment vous portez-vous, fermier? dit-il avec un sourire sardonique qui déplut singulièrement à Carl.

— Qui êtes-vous, au nom du ciel? fit Carl suffoqué.

— Je n'ai rien à faire avec le nom du ciel, répliqua le gnome; car je suis un esprit malfaisant.

— J'espère que vous n'avez pas l'intention de me faire du mal? dit humblement Carl.

— En vérité, je n'en sais rien! Je me propose seulement de moissonner votre blé cette nuit, au clair de la lune, parce que mes chevaux, quoiqu'ils soient surnaturels, mangent aussi une quantité de blé tout à fait surnaturelle; en général, je récolte chez ceux qui sont le plus en état de me faire cette offrande.

— Oh! mon cher Monsieur, s'écria Carl, je suis le fermier le plus pauvre de tout le district; j'ai une sœur à ma charge, et j'ai éprouvé de terribles et nombreuses pertes.

— Mais, enfin, vous êtes Carl Grippenhausen, n'est-ce pas? dit le gnome.

— Oui, Monsieur, balbutia Carl.

— Ces énormes rangées de tas de blé, qui ressemblent à une petite ville, vous appartiennent-elles, oui ou non? dit le gnome.

— Oui, Monsieur, répliqua encore Carl.

— Ce magnifique plant de navets et cette longue suite de terres labourables, ces beaux troupeaux et ce riche bétail qui couvrent le flanc de la montagne, sont aussi à vous, je crois?

— Oui, Mons'eur, dit Carl d'une voix tremblante, car il était terrifié de voir combien le gnome avait d'exactes notions sur sa fortune.

— Vous, un pauvre homme? Oh! fi! dit le gnome en menaçant du doigt le misérable Carl d'un air de reproche. Si vous continuez à me conter de pareils contes, je ferai en sorte, d'un tour de main, que vos monstrueuses histoires deviennent véritables... Fi! fi! fi!

En prononçant le dernier *fi*, il se rejeta dans la terre, mais le trou ne se ferma pas; en conséquence, Carl vociféra ses supplications à tue-tête, criant miséricorde à son étrange visiteur, qui ne daigna pas même lui répondre.

Inquiet et abattu, il s'achemina lentement vers sa maison; comme il en approchait, en traversant le fourré, il aperçut le galant de sa sœur causant avec elle par-dessus le mur du jardin. Une pensée lui vint alors à l'esprit; une pensée égoïste, bien entendu. Avant qu'ils eussent pu s'apercevoir de son approche, il se précipita vers eux, et, prenant la main de

Wilhelm de la manière la plus amicale, il l'invita à dîner avec lui. O merveille des merveilles!... Il va sans dire que, malgré son extrême surprise, Wilhelm accepta de très-bonne grâce. Après le repas, l'idée lumineuse de Carl vit le jour, à l'étonnement toujours croissant de sa sœur et de Wilhelm. Et que pensez-vous que fût cette idée? Rien autre chose, sinon d'échanger sa grande pièce de blé mûr, prête à être coupée, pour une de celles de Wilhelm, où la moisson était moins copieuse. Après un débat très-empressé de sa part, et de grandes démonstrations de bonne volonté et de gaieté, ce curieux marché fut conclu, et Wilhelm s'en retourna chez lui beaucoup plus riche qu'il n'en était parti.

Carl se coucha, rassuré par le transport qu'il avait fait, au trop confiant Wilhelm, du blé qui devait être récolté au clair de la lune par le gnome pour nourrir ses chevaux gloutons.

Il ouvrit les yeux dès la pointe du jour; car le gnome avait hanté son sommeil. Il se hâta de s'habiller, et sortit dans les champs pour voir le résultat des travaux nocturnes du gnome : le blé était debout, agité par la brise matinale.

— Probablement, pensa Carl, j'aurai rêvé.

Alors il grimpa sur la colline, pour jeter un coup d'œil sur le champ qu'il avait reçu en échange de son blé menacé; mais de quelle horreur ne fut-il pas saisi en voyant ce champ presque entièrement dépouillé, et l'affreux petit gnome, achevant sa besogne, en jetant les dernières gerbes dans un obscur abîme creusé profondément en terre.

— Juste ciel! que faites-vous? s'écria-t-il.. Il me semble que vous aviez dit que vous moissonneriez ce champ là-bas?

— J'ai dit, répondit le gnome, que j'allais récolter votre blé, à vous; or, à moins que je n'aie mal compris, le champ dont vous parlez est à Wilhelm, n'est-il pas vrai?

— Oui, malheureux que je suis!

Et, tombant à genoux pour implorer le gnome, Carl lui demanda grâce; mais celui-ci, nonobstant ses prières, enleva la dernière gerbe; puis la terre se referma, ne laissant aucune trace qui pût signaler l'endroit où une si abondante récolte avait été engloutie.

— Maintenant, comme vous voyez, j'ai fermé la porte de ma grange, dit le gnome en ricanant. A présent, je vais aller me reposer; bonjour, Carl!

Et il s'éloigna d'un air calme et satisfait.

Carl erra çà et là, à moitié fou, oubliant jusqu'à son dîner. Enfin, quand la nuit fut venue, il rentra chez lui, et, sans vouloir répondre aux questions affectueuses de sa sœur, il alla se coucher en boudant. Mais il avait à peine posé sa pauvre tête bouleversée sur l'oreiller, qu'une voix vint le réveiller, et lui dit :

— Carl, mon bon ami, me voici venu pour causer un peu avec vous; ainsi, réveillez-vous et m'écoutez.

Il sortit sa tête de dessous les couvertures, et vit que sa chambre était illuminée par une vive clarté, qui lui montra le gnome assis sur le parquet de la chambre.

— Ah! misérable! s'écria-t-il, viens-tu me voler mon repos, comme tu m'as volé mon blé? Va-t'en, ou bien j'assouvirai ma vengeance sur toi.

— Allons, allons, dit le gnome en riant, tu raffoles!... Ne sais-tu pas, stupide garçon, que je ne suis qu'une ombre? Autant vaudrait essayer d'étreindre l'air que de tenter de m'étreindre, moi; d'ailleurs, je ne suis venu ici que pour te promettre des richesses sans fin; car vous êtes un homme selon mon cœur : n'êtes-vous pas personnel et malin à un degré merveilleux? Écoutez-moi donc, mon bon Carl. Venez me trouver demain au soir, avant le coucher du soleil, et je vous ferai voir un trésor dont l'excessive abondance dépasse toute imagination humaine. Débarrassez-vous de votre mesquine ferme; le niais qui aime votre sœur serait une excellente victime, car il a des amis qui l'aideraient à se tirer d'affaire, et à vous en défaire. Le prix qu'il pourrait vous en donner serait de peu d'importance pour vous, et, lorsque je vous aurai fait connaître le trésor dont je vous parle, vous en viendrez à dédaigner les sommes minimes que vous réalisez par les moyens ordinaires. Bonne nuit, faites de jolis rêves!

La lumière s'évanouit et le gnome partit.

— Ah! dit Carl, ah! c'est délicieux! ah!

Et il retomba dans son premier sommeil.

Le jour suivant, tout le monde crut que Carl était devenu fou; seulement, son naturel intéressé prenant le dessus, il ne céda pas la moindre pièce de monnaie du prix convenu avec Wilhelm, qui était, du reste, trop content de pouvoir entrer en arrangement avec lui; pourtant l'excès de sa surprise le faisait douter de la réalité de la transaction. Enfin tout fut prêt, et le jour fixé pour la noce d'Amil, car Wilhelm l'avait prise, comme de juste, par-dessus le marché, bon ou mauvais, qu'il avait conclu pour la ferme. Carl n'eut pas la patience d'attendre ce jour-là, et, après avoir embrassé sa sœur, il la laissa entre les mains de quelques parents et partit. Il trouva le gnome assis sur une barrière comme aurait pu le faire l'homme le plus ordinaire.

— Vous êtes aussi ponctuel qu'une horloge, Carl, dit-il; j'en suis fort aise, car il faut que nous soyons arrivés au pied des montagnes que vous voyez là-bas, avant le lever de la lune.

A ces mots, il descendit d'un bond de son perchoir, et ils poursuivirent leur chemin jusqu'à ce qu'ils fussent arrivés au bord d'un lac sur la surface duquel, au profond étonnement de Carl, le gnome se mit à trotter comme si elle eût été gelée.

— Venez donc, mon ami, dit-il en se tournant vers Carl, qui hésitait à le suivre.

Toutefois, voyant qu'il fallait en passer par là, celui-ci plongea jusqu'au cou, et se dirigea vers l'autre rive, que le gnome avait depuis longtemps atteinte. Lorsqu'il y arriva à son tour, il se trouvait dans un état fort désagréable; ses dents claquaient, et l'eau qui découlait de ses vêtements reproduisait à ses pieds en miniature le lac d'où il sortait.

— Je vous prie, monsieur le gnome, dit-il d'un ton assez aigre, que pareille chose ne se renouvelle point, ou je serais forcé de renoncer à votre connaissance.

— Renoncer à ma connaissance, dites-vous? fit le gnome en ricanant. Mon cher Carl, cela n'est point en votre pouvoir. Vous avez de votre plein gré plongé dans le lac enchanté, ce qui vous attache à moi pour un certain laps de temps. Je vous tiendrais au bout de la plus forte chaîne, que je ne serais pas plus sûr que vous me suivrez. Ainsi donc, marchez et songez à la récompense.

Carl fut un peu étourdi de ce qu'il entendait; mais il s'aperçut bientôt que tout était exactement vrai; car, dès que le gnome se remit en marche, il se sentit contraint, par une puissance irrésistible, à le suivre. Bientôt, ils se trouvèrent sur le versant d'une montagne très-escarpée; le gnome glissa le long de cette pente avec la plus parfaite aisance, sans perdre l'équilibre; quant au pauvre Carl, il accomplit cette descente avec beaucoup moins de dignité, et surtout avec une telle impétuosité, que de droite et de gauche de grosses pierres se déplaçaient, s'entre-choquaient avec fracas, et dégringolaient dans les affreux précipices qui l'environnaient. Ses vêtements étaient dans un état déplorable; les points des coutures cédaient, de grands morceaux de son manteau étaient arrachés; car il ne pouvait ralentir un seul instant sa course, afin de se dégager des ronces et des épines qui s'attachaient sans cesse à lui, retenant des parcelles de sa chair à mesure que la rapidité de sa fuite l'éloignait d'elles. A la fin, il roula comme un paquet au pied de la montagne, où il trouva le gnome, qui se réjouissait l'odorat en flairant le parfum d'une fleur sauvage.

Carl s'assit un moment pour reprendre sa respiration, et, comme son sang bouillait d'une rage concentrée, il s'écria :

— Brutal gnome! je ne vous suivrai pas un pas de plus, ou vous me porterez; je suis meurtri des pieds à la tête; voyez comme vous m'avez arrangé!

— Ah! c'est excellent! fit le gnome sans s'émouvoir. Nous allons voir, mon garçon! Quant à moi, je suis parfaitement à mon aise, et vous vous apercevrez, lorsque vous me connaîtrez davantage, que je supporte avec une philosophie admirable les malheurs des autres; venez, Carl, mon bon ami.

Cet horrible *venez* commençait à avoir pour Carl une terrible signification; mais, de même qu'auparavant, il fut forcé d'obéir. Il marcha toujours, toujours, jusqu'à ce que ses dents claquassent de froid; il s'aperçut alors que le riant et chaud paysage était devenu aride comme en hiver; et il jugea, d'après la quantité de pics neigeux se perdant dans les nuages qu'il voyait autour de lui, qu'une grande mer devait être proche; transi au point de pouvoir à peine se traîner, il conjura le gnome de prendre quelques instants de repos; à la fin, ce dernier s'assit.

— Je ne m'arrête que pour vous obliger, dit-il; mais je crois que l'immobilité prolongée serait pour vous chose dangereuse.

A ces mots, il exhiba une pipe qui paraissait beaucoup trop grande pour avoir jamais pu entrer dans sa poche; il l'alluma, et commença de fumer tout comme s'il était installé confortablement au coin du feu, chez Carl. Le pauvre Carl le regarda faire pendant quelque temps, avec ses dents qui s'entre-choquaient, et ses membres endoloris; ensuite, il le pria de lui laisser aspirer une ou deux chaudes bouffées de sa pipe embrasée.

— Je n'oserais pas, Carl: c'est du tabac de démon, beaucoup trop fort pour vous. Chauffez vos doigts à la fumée, si vous pouvez. Je ne puis comprendre ce qui vous manque; moi, je me trouve parfaitement à mon aise; mais vous n'êtes pas philosophe!

Carl gémit, et ne répondit rien à l'imperturbable fumeur.

Après avoir fumé très-longtemps, le gnome secoua sur le bout de sa botte les cendres de sa pipe, et dit à Carl, grelottant, avec le sourire le plus affectueux :

— Mon bon ami, vous avez, en vérité, bien mauvaise mine! peut-être ferions-nous bien de nous remettre à marcher.

Il se leva sur-le-champ, et le pauvre Carl le suivit en trébuchant.

— Nous aurons plus chaud tout à l'heure, mon cher ami, fit-il en se tournant vers Carl, qui poussa un grognement sourd en manière de réplique; car il sentait son impuissance à se soustraire à son sort.

Ils eurent, en effet, bientôt plus chaud; la glace disparut, la terre était couverte de verdure, émaillée en profusion de fleurs embaumées; des guirlandes de ceps de vigne, couverts de grappes ravissantes, groupées sur les branches étendues, séduisaient l'œil. Ils gravirent la montagne péniblement... c'est-à-dire péniblement pour Carl; car, pour le gnome, descendre ou monter était aussi facile l'un que l'autre. A la fin, la montagne devint aride et desséchée; les cendres craquaient sous leurs pieds, et des vapeurs nauséabondes s'échappaient de la terre crevassée.

— Je serais curieux de savoir où nous allons maintenant, se dit Carl en grommelant.

Il avait fini par découvrir que parler à ce démon était une peine inutile et une perte de temps. Son incertitude ne dura pas longtemps, car les mugissements d'un énorme volcan retentirent bientôt à ses oreilles, et des pierres plurent sur sa tête et sur ses épaules. Il se traîna de rocher en rocher, exposé à chaque instant aux plus grands périls; la terre se dérobait sous ses pas d'une manière effrayante, la fumée l'étouffait et l'aveuglait, tandis que l'éternel refrain du gnome: « Avancez! avancez! » auquel il lui était impossible de résister, achevait de le désespérer. A la fin, il n'eut plus la conscience de ce qu'il faisait; il sentit seulement qu'il tombait sur le versant de la montagne et roulait jusqu'au bas. Un bruyant clapotement, et la sensation de l'eau froide, lui annoncèrent qu'il venait de tomber au milieu des vagues de la mer; l'instinct de la conservation le fit s'efforcer de remonter à la surface. En reparaissant à fleur d'eau, il vit le gnome assis sur le tronc d'un arbre immense; les vagues le ballottaient à sa portée.

— Étendez la main, bon gnome! fit-il d'une voix défaillante, je vais enfoncer.

— Bah! répondit le gnome, du courage, mon ami! il faut que vous vous sauviez tout seul; ce petit bout de tronc d'arbre suffit à peine à m'empêcher de trop me fatiguer. Charité bien ordonnée commence par soi-même, comme vous savez, c'est le premier point; le second point, c'est vous; je vous conseille donc de nager fort et ferme, dans le cas, bien entendu, où vous voudriez vous en donner la peine. Votre bail avec moi est fini, à moins que vous ne vouliez le renouveler de bonne volonté, par vos actions ou par vos souhaits; adieu!

Les vagues mugissantes emportèrent en un instant le gnome railleur hors de vue, et Carl resta seul à lutter contre les flots. Il nagea donc jusqu'à ce qu'il arrivât en vue du rivage; alors, par bonheur, il aperçut quelques débris de bois pourri qui flottaient sur la mer, et semblaient avoir appartenu à une vieille digue; il s'y attacha d'une étreinte désespérée, et se mit à pousser de grands cris, espérant voir arriver, du rivage, à son secours. Les cris de Carl à demi submergé finirent par attirer l'attention des enfants d'un pêcheur qui jouaient sur la berge: insoucieux du danger, ils poussèrent une barque dans l'eau, et se dirigèrent vers l'homme qui semblait près de se noyer. Après bien des efforts infructueux, ces courageux enfants parvinrent à tirer Carl dans leur bateau.

— Merci! merci! balbutia-t-il en regardant ces enfants, qui n'avaient point hésité à risquer leur vie pour sauver la sienne.

— Ne nous remerciez pas, dit le petit garçon; vous ne savez pas combien nous sommes heureux que le ciel nous ait procuré l'occasion de vous délivrer d'une mort certaine; c'est à nous à être reconnaissants chaque fois que nous pouvons faire une bonne action; voilà, du moins, ce que nous enseigne notre bon père.

— Je voudrais que le mien m'eût donné les mêmes enseignements, pensa Carl.

Il embrassa tendrement les enfants; il n'avait rien autre chose à leur donner; car tout son or avait été perdu au milieu de son voyage aventureux avec le perfide gnome.

Il demanda son chemin, et un petit paysan, un peu plus âgé que ceux qui l'avaient délivré, offrit de traverser les hautes montagnes avec lui, et de le reconduire jusqu'à sa maison, qui se trouvait à une très-grande distance, assurait le petit paysan; ce qui confondit Carl de surprise.

Déguenillé et les pieds blessés, Carl se mit en route avec son jeune et agile petit guide, qui le soutenait avec la plus vive sollicitude dans les passages difficiles et dans les rudes sentiers de la montagne; Carl se sentait honteux et rougissait en voyant ce simple enfant, sans souci de lui-même, mettre un si grand espace entre soi et son village, pour obliger un étranger pauvre et souffrant, lui gazouiller ses petites chansons montagnardes pour égayer la longueur du chemin afin qu'il ne sentît ni la fatigue ni les douleurs; et, lorsqu'ils arrivaient à quelque endroit bien tranquille, s'asseyant à l'ombre à ses côtés, le jeune paysan étalait le contenu de son bissac, et partageait gaiement ses provisions avec le voyageur.

A la fin, le chemin devint si facile et si directement tracé, que le complaisant conducteur de Carl se disposa à le quitter pour retourner chez lui; mais, avant de le faire, il voulait absolument laisser à Carl le contenu de son havresac, de crainte que celui-ci ne souffrît de la faim. Carl ne voulut point y consentir; car, que deviendrait ce faible enfant, s'il le privait de sa nourriture? Tout en persistant dans son refus, il l'embrassa en le remerciant mille fois, et se mit à descendre la montagne. — Carl avait appris à penser aux autres.

Il voyagea bien des jours à travers les vallées, apaisant sa faim avec les mûres sauvages des haies, étanchant sa soif dans l'eau vive des ruisseaux; enfin, il arriva près d'un village composé de chaumières éparses. La fatigue et le manque de nourriture avaient énervé sa constitution jadis si robuste; il se traîna en chancelant, avec l'espoir de trouver quelqu'un qui vînt à son secours; mais il ne vit personne, excepté une jolie fille blonde qui était assise sur le seuil de sa cabane et mangeait du pain trempé dans du lait. Il essaya de s'approcher d'elle; mais, incapable de faire un pas de plus, il tomba par terre tout de son long; l'enfant se leva vivement en voyant choir ainsi presque à ses pieds, et en entendant gémir l'étranger hâve et misérable; elle lui souleva la tête, et sa pâleur livide, ainsi que sa maigreur, lui ayant dévoilé les causes de sa souffrance, elle porta la jatte de lait à ses lèvres et l'y maintint jusqu'à ce qu'il eût avalé tout ce qu'elle contenait avec l'avidité de la faim. Cette enfant, sans penser un seul instant à autre chose qu'à la détresse de Carl mourant d'inanition, avait volontairement et avec joie sacrifié son déjeuner. — Souviens-toi de cela, Carl! — Il s'en souvint, en effet, lorsque, ranimé, il se remit en route, le cœur pénétré de l'exemple qu'il avait reçu.

Il y avait encore un bien long et bien fatigant bout de chemin entre lui et sa maison... Sa maison! ah! le cœur lui manquait quand il se rappelait que ce n'était plus sa maison; elle appartenait à son ami et à sa sœur, qu'il avait l'un et l'autre traités avec un si froid égoïsme jusqu'au dernier moment de leur séparation, alors que sa tête était remplie du mirage des promesses dorées de l'artificieux gnome, alors qu'il s'imaginait posséder bientôt des richesses immenses, alors enfin qu'il s'efforçait de mettre, par sa conduite, entre eux et lui, une assez grande distance pour qu'il ne pût être question de rien partager avec eux, quand même ils viendraient à tomber dans le besoin. Depuis que de nouveaux sentiments, dus aux bontés dont il avait été l'objet de toutes parts sans l'appât d'aucune récompense, s'emparaient de son cœur, il sentait combien il aurait peu droit de faire appel à leur charité, lui qui s'était rendu indigne de leur amitié; et il soupirait en songeant à ce qu'il avait été jadis.

La nuit le surprit dans une lande inculte et désolée, et, pour compléter sa misère, la neige se mit à tomber en gros flocons qui l'aveuglaient. Il boutonna étroitement sa redingote en lambeaux, et lutta contre la bourrasque glacée, qui tourbillonnait autour de lui avec une sorte de violence vengeresse. A la fin, la neige glacée s'amoncela sur ses pieds transis, il avança plus lentement, et sa marche devint de plus en plus faible. L'ouragan redoublant d'impétuosité, il commença à chanceler; il s'arrêta un instant comme anéanti par le vent furieux, puis il s'affaissa et fut bientôt à demi enseveli sous une couche de neige.

Un tintement de grelots domina le bruit de la tempête; il annonçait l'approche d'un chariot couvert dont le roulement était amorti par la neige épaisse, à ce point qu'on eût pu douter de sa présence, si une lanterne, placée à l'intérieur, n'eût répandu au loin sa brillante lumière. La voiture atteignit en peu de minutes l'endroit où Carl était étendu; le cheval se cabra à l'aspect de cette forme humaine étendue à terre; le voyageur descendit, releva l'étranger gelé, et, après quelques vigoureux efforts, il le déposa sain et sauf dans son chariot, et gagna à toute vitesse le plus prochain hameau, dont on apercevait au loin les lumières. Là, des soins actifs rappelèrent Carl à la vie, et le premier visage qui s'offrit à ses regards fut celui de son excellent beau-frère Wilhelm, qui n'avait pu *reconnaître, dans le voyageur mourant,* isolé et déguenillé, son frère Carl, si riche et si égoïste; celui-ci, après une explication de quelques mots, découvrit qu'il avait voyagé, avec le gnome, pendant plus d'une année, ce qui lui parut inconcevable; toutefois, Wilhelm lui affirma que rien n'était plus réel, et l'assura en même temps qu'il était disposé à le recevoir dans sa maison, et à lui accorder, avec l'oubli complet de ses fautes passées, tout ce que l'affection sincère est toujours prête à donner. Cette assurance fut un baume salutaire pour les blessures physiques et morales de Carl repentant. Wilhelm partit, le laissant reposer ses membres endoloris dans le lit doux et commode des villageois.

Le matin du jour suivant, la honte au visage, Carl s'achemina vers le seuil bien connu de son ancienne demeure; mais son pied avait à peine touché la première marche de l'escalier, que sa sœur accourut se jeter dans ses bras et l'embrasser; il cacha sa figure dans le sein de cette généreuse femme et pleura abondamment.

Le gnome, qui n'avait pas cessé de le suivre, avec l'espoir qu'il retomberait en son pouvoir, s'arrêta soudain à ce touchant spectacle; et, tandis qu'il les contemplait tous deux d'un air de dépit, il devint graduellement de moins en moins visible à l'œil, jusqu'à ce qu'il s'évanouît tout à fait.

Le démon de l'égoïsme était parti pour jamais, et Carl rendit de sincères actions de grâces à Dieu, pour la terrible épreuve qui avait causé ce changement, et lui avait démontré qu'en s'occupant charitablement des intérêts et du bien-être des autres, il travaillait pour lui-même, et concourait le plus efficacement à son propre bonheur. Il avait donc, en réalité, découvert un trésor mille fois plus précieux que tout l'or de la terre.

FIN DE L'ÉGOÏSTE.

NICOLAS

LE PHILOSOPHE

Après avoir servi son maître pendant sept ans, Nicolas lui dit :

— Maître, j'ai fait mon temps, je voudrais bien retourner près de ma mère; donnez-moi mes gages.

— Tu m'as servi fidèlement comme intelligence et probité, répondit le maître de Nicolas; la récompense sera en rapport avec le service.

Et il lui donna un lingot d'or, qui pouvait bien peser cinq ou six livres. Nicolas tira son mouchoir de sa poche, y enveloppa le lingot, le chargea sur son épaule et se mit en route pour la maison paternelle.

En cheminant et en mettant toujours une jambe devant l'autre, il finit par croiser un cavalier qui venait à lui, *joyeux et frais, et monté sur un beau cheval.*

— Oh! dit tout haut Nicolas, la belle chose que d'avoir un cheval! On monte dessus, on est dans sa selle comme sur un fauteuil, on avance sans s'en apercevoir, et l'on n'use pas ses souliers.

Le cavalier, qui l'avait entendu, lui cria :

— Hé! Nicolas, pourquoi vas-tu donc à pied?

— Ah! ne m'en parlez point, répondit Nicolas; ça me fait d'autant plus de peine, que j'ai là, sur l'épaule, un lingot d'or qui me pèse tellement, que je ne sais à quoi tient que je ne le jette dans le fossé.

— Veux-tu faire un échange? demanda le cavalier.

— Lequel? fit Nicolas.

— Je te donne mon cheval, donne-moi ton lingot d'or.

— De tout mon cœur, dit Nicolas; mais, je vous préviens, il est lourd en diable.

— Bon! ce n'est point là ce qui empêchera le marché de se faire, dit le cavalier.

Et il descendit de son cheval, prit le lingot d'or, aida Nicolas à monter sur la bête et lui mit la bride en main.

— Quand tu voudras aller doucement, dit le cavalier, tu tireras la bride à toi en disant : « Oh! » Quand tu voudras aller vite, tu lâcheras la bride en disant : « Hop! »

Le cavalier, devenu piéton, s'en alla avec son lingot; Nicolas, devenu cavalier, continua son chemin avec son cheval.

Nicolas ne se possédait pas de joie en se sentant si carrément assis sur sa selle; il alla d'abord au pas, car il était assez médiocre cavalier, puis au trot, puis il s'enhardit et pensa qu'il n'y aurait pas de mal à faire un petit temps de galop.

Il lâcha donc la bride et fit clapper sa langue en criant :

— Hop! hop!

Le cheval fit un bond, et Nicolas roula à dix pas de lui.

Puis, débarrassé de son cavalier, le cheval partit à

fond de train, et Dieu sait où il se fût arrêté, si un paysan qui conduisait une vache ne lui eût barré le chemin.

Nicolas se releva, et, tout froissé, se mit à courir après le cheval, que le paysan tenait par la bride; mais, tout triste de sa déconfiture, il dit au brave homme :

— Merci, mon ami!... C'est une sotte chose que d'aller à cheval, surtout quand on a une rosse comme celle-ci, qui rue, et, en ruant, vous démonte son homme de manière à lui casser le cou. Quant à moi, je sais bien une chose, c'est que jamais je ne remonterai dessus. Ah! continua Nicolas avec un soupir, j'aimerais bien mieux une vache; on la suit à son aise par derrière, et l'on a, en outre, son lait par-dessus le marché, sans compter le beurre et le fromage. Foi de Nicolas! je donnerais bien des choses pour avoir une vache comme la vôtre.

— Eh bien, dit le paysan, puisqu'elle vous plaît tant, prenez-la; je consens à l'échanger contre votre cheval.

Nicolas fut transporté de joie : il prit la vache par son licol; le paysan enfourcha le cheval et disparut.

Et Nicolas se remit en route, chassant la vache devant lui, et songeant à l'admirable marché qu'il venait de faire.

Il arriva à une auberge, et, dans sa joie, il mangea tout ce qu'il avait emporté de chez son maître, c'est-à-dire un excellent morceau de pain et de fromage; puis, comme il avait deux liards dans sa poche, il se fit servir un demi-verre de bière et continua de conduire sa vache du côté de son village natal

Vers midi, la chaleur devint étouffante, et, juste en ce moment, Nicolas se trouvait au milieu d'une lande qui avait bien encore deux lieues de longueur.

La chaleur était si insupportable, que le pauvre Nicolas en tirait la langue de trois pouces hors de la bouche.

— Il y a un remède à cela, se dit Nicolas : je vais traire ma vache et me régaler de lait.

Il attacha la vache à un arbre desséché, et, comme il n'avait pas de seau, il posa à terre son bonnet de cuir; mais, quelque peine qu'il se donnât, il ne put faire sortir une goutte de lait de la mamelle de la bête.

Ce n'était pas que la vache n'eût point de lait, mais Nicolas s'y prenait mal, si mal, que la bête rua, comme on dit, en *vache*, et, d'un de ses pieds de derrière, lui donna un tel coup à la tête, qu'elle le renversa, et qu'il fut quelque temps à rouler à droite et à gauche, sans parvenir à se remettre sur ses pieds.

Par bonheur, un charcutier vint à passer avec sa charrette, où il y avait un porc.

— Eh! eh! demanda le charcutier, qu'y a-t-il donc, mon ami? es-tu ivre?

— Non pas, dit Nicolas, au contraire, je meurs de soif.

— Cela ne serait pas une raison: nul n'est plus altéré qu'un ivrogne; au reste, et à tout hasard, mon pauvre garçon, bois un coup.

Il aida Nicolas à se remettre sur ses pieds et lui présenta sa gourde.

Nicolas l'approcha de sa bouche et y but une large gorgée.

Puis, ayant repris ses sens :

— Voulez-vous me dire, demanda-t-il au charcutier, pourquoi ma vache ne donne pas de lait?

Le charcutier se garda bien de lui dire que c'était parce qu'il ne savait point la traire.

— Ta vache est vieille, lui dit-il, et n'est plus bonne à rien.

— Pas même à tuer? demanda Nicolas.

— Qui diable veux-tu qui mange de la vieille vache? Autant manger de la vache enragée!

— Ah! dit Nicolas, si j'avais un joli petit porc comme celui-ci, à la bonne heure! cela est bon depuis les pieds jusqu'à la tête : avec la chair, on fait du salé; avec les entrailles, on fait des andouillettes, avec le sang, on fait du boudin.

— Écoute, dit le charcutier, pour t'obliger... mais c'est purement et simplement pour t'obliger... je te donnerai mon porc, si tu veux me donner ta vache.

— Que Dieu te récompense, brave homme! dit Nicolas.

Et, remettant sa vache au charcutier, il descendit le porc de la charrette et prit le bout de la corde pour le conduire.

Nicolas continua sa route en songeant combien tout allait selon ses désirs.

Il n'avait pas fait cinq cents pas, qu'un jeune garçon le rattrapa. Celui-ci portait sous son bras une oie grasse.

Pour passer le temps, Nicolas commença à parler de son bonheur et des échanges favorables qu'il avait faits.

De son côté, le jeune garçon lui raconta qu'il portait son oie pour un festin de baptême.

— Pèse-moi cela par le cou, dit-il à Nicolas. Hein! est-ce lourd! Il est vrai que voilà huit semaines qu'on l'engraisse avec des châtaignes. Celui qui mordra là-dedans devra s'essuyer la graisse des deux côtés du menton.

— Oui, dit Nicolas en la soupesant d'une main, elle a son poids; mais mon cochon pèse bien vingt oies comme la tienne.

Le jeune garçon regarda de tous côtés d'un air pensif, et en secouant la tête:

— Écoute, dit-il à Nicolas, je ne te connais que depuis dix minutes, mais tu m'as l'air d'un brave garçon; il faut que tu saches une chose, c'est qu'il se pourrait qu'à l'endroit de ton cochon, tout ne fût pas bien en ordre : dans le village que je viens de traverser, on en a volé un au percepteur. Je crains fort que ce ne soit justement celui que tu mènes. Ils ont requis la maréchaussée et envoyé des gens pour poursuivre le voleur, et, tu comprends, ce serait une mauvaise affaire pour toi si l'on te trouvait conduisant ce cochon. Le moins qu'il pût t'arriver, ce serait d'être conduit en prison jusqu'au moment où l'affaire serait éclaircie.

A ces mots, la peur saisit Nicolas.

— Jésus Dieu! dit-il, tire-moi de ce mauvais pas, mon garçon; tu connais ce pays que j'ai quitté depuis quinze ans, de sorte que tu as plus de défense que moi. Donne-moi ton oie et prends mon cochon.

— Diable! fit le jeune garçon, je joue gros jeu; cependant, je ne puis laisser un camarade dans l'embarras.

Et, donnant son oie à Nicolas, il prit le cochon par la corde, et se jeta avec lui dans un chemin de traverse.

Nicolas continua sa route, débarrassé de ses craintes, et portant galement son oie sous son bras.

— En y réfléchissant bien, se disait-il, je viens, outre la crainte dont je suis débarrassé, de faire un marché excellent. D'abord, voilà une oie qui va me donner un rôti délicieux, et qui, tout en rôtissant, me donnera une masse de graisse avec laquelle je ferai des tartines pendant trois mois, sans compter les plumes blanches qui me confectionneront un bon oreiller, sur lequel, dès demain au soir, je vais dormir sans être bercé. Oh! c'est ma mère qui sera contente, elle qui aime tant l'oie!

Il achevait à peine ces paroles, qu'il se trouva côte à côte avec un homme qui portait un objet enfermé dans sa cravate, qu'il tenait pendue à la main.

Cet objet gigottait de telle façon, et imprimait à la cravate de tels balancements, qu'il était évident que c'était un animal vivant, et que cet animal regrettait fort sa liberté.

— Qu'avez-vous donc là, compagnon? demanda Nicolas.

— Où, là? fit le voyageur.

— Dans votre cravate.

— Oh! ce n'est rien, répondit le voyageur en riant.

Puis, regardant autour de lui pour voir si personne n'était à portée d'entendre ce qu'il allait dire:

— C'est une perdrix que je viens de prendre au collet, dit-il; seulement, je suis arrivé à temps pour la prendre vivante. Et vous, que portez-vous là?

— Vous le voyez bien, c'est une oie, et une belle, j'espère.

Et, tout fier de son oie, Nicolas la montra au braconnier.

Celui-ci regarda l'oie d'un air de dédain, la prit et la flaira.

— Hum! dit-il, quand comptez-vous la manger?

— Demain au soir, avec ma mère.

— Bien du plaisir! dit en riant le braconnier.

— Je m'en promets, en effet, du plaisir; mais pourquoi riez-vous?

— Je ris, parce que votre oie est bonne à manger aujourd'hui, et encore, encore, en supposant que vous aimiez les oies faisandées.

— Diable! vous croyez? fit Nicolas.

— Mon cher ami, sachez cela pour votre gouverne: quand on achète une oie, on l'achète vivante; de cette façon-là, on la tue quand on veut, et on la mange quand il convient: croyez-moi, si vous voulez tirer de votre oie un parti quelconque, faites-la rôtir à la première auberge que vous rencontrerez sur votre chemin, et mangez-la jusqu'au dernier morceau.

— Non, dit Nicolas; mais faisons mieux: prenez mon oie, qui est morte, et donnez-moi votre perdrix, qui est vivante: je la tuerai demain au matin, et elle sera bonne à manger demain au soir.

— Un autre te demanderait du retour; mais, moi, je suis bon compagnon; quoique ma perdrix soit vivante et que ton oie soit morte, je te donne ma perdrix troc pour troc.

Nicolas prit la perdrix, la mit dans son mouchoir, qu'il *noua par les quatre coins*, et, pressé d'arriver le plus tôt possible, il laissa son compagnon entrer dans une auberge pour y manger son oie, et continua sa route à travers le village.

Au bout du village, il trouva un rémouleur.

Le rémouleur chantait, tout en repassant des couteaux et des ciseaux, le premier couplet d'une chanson que connaissait Nicolas.

Nicolas s'arrêta et se mit à chanter le second couplet.

Le rémouleur chanta le troisième.

— Bon! lui dit Nicolas, du moment que vous êtes gai, c'est que vous êtes content.

— Ma foi, oui! répondit le rémouleur; le métier va bien, et, chaque fois que je mets la main à la pierre, il en tombe une pièce d'argent. Mais que portez-vous donc là qui frétille ainsi dans votre cravate?

— C'est une perdrix vivante.

— Ah!... Où l'avez-vous prise?

— Je ne l'ai pas prise, je l'ai eue en échange d'une oie.

— Et l'oie?

— Je l'avais eue en échange d'un cochon.

— Et le cochon?

— Je l'avais eu en échange d'une vache.

— Et la vache?

— Je l'avais eue en échange d'un cheval.

— Et le cheval?

— Je l'avais eu en échange d'un lingot d'or.

— Et ce lingot d'or?

— C'était le prix de mes sept années de service.

— Peste! vous avez toujours su vous tirer d'affaire!

— Oui, jusqu'aujourd'hui, cela a assez bien marché; seulement, une fois rentré chez ma mère, il me faudrait un état dans le genre du vôtre.

— Ah! en effet, c'est un crâne état.

— Est-il bien difficile?

— Vous voyez: il n'y a qu'à faire tourner la meule et en approcher les couteaux ou les ciseaux qu'on veut affûter.

— Oui; mais il faut une pierre.

— Tenez, dit le rémouleur en poussant une vieille meule du pied, en voilà une qui a rapporté plus d'argent qu'elle ne pèse, et cependant elle pèse lourd!

— Et ça coûte cher, n'est-ce pas, une pierre comme celle-là?

— Dame! assez cher, fit le rémouleur; mais, moi, je suis bon garçon: donnez-moi votre perdrix, je vous donnerai ma meule. Ça vous va-t-il?

— Parbleu! est-ce que cela se demande? dit Nicolas; puisque j'aurai de l'argent chaque fois que je mettrai la main à la pierre, de quoi m'inquiéterais-je maintenant?

Et il donna sa perdrix au rémouleur, et prit la vieille meule que l'autre avait mise au rebut.

Puis, la pierre sous le bras, il partit, le cœur plein de joie et les yeux brillants de satisfaction.

— Il faut que je soisné coiffé! se dit Nicolas; je n'ai qu'à souhaiter pour que mon souhait soit exaucé!

Cependant, après avoir fait une lieue ou deux, comme il était en marche depuis le point du jour, il commença, alourdi par le poids de la meule, à se sentir très-fatigué; la faim aussi le tourmentait, ayant mangé le matin ses provisions de toute la journée, tant sa joie était grande, on se le rappelle, d'avoir troqué sa vache pour un cheval! A la fin, la fatigue prit tellement le dessus, que, de dix pas en dix pas, il était forcé de s'arrêter; la meule aussi lui pesait de plus en plus, car elle semblait s'alourdir au fur et à mesure que ses forces diminuaient.

Il arriva, en marchant comme une tortue, au bord d'une fontaine où bouillonnait une eau aussi limpide que le ciel qu'elle reflétait; c'était une source dont on ne voyait pas le fond.

— Allons, s'écria Nicolas, il est dit que j'aurai de la chance jusqu'au bout; au moment où j'allais mourir de soif, voilà une fontaine!

Et, posant sa meule au bord de la source, Nicolas se mit à plat ventre, et but à sa soif pendant cinq minutes.

Mais, en se relevant, le genou lui glissa; il voulut se retenir à la meule, et, en se retenant, il poussa la pierre, qui tomba à l'eau et disparut dans les profondeurs de la source.

— En vérité! dit Nicolas demeurant un instant à genoux pour prononcer son action de grâce, le bon Dieu est réellement bien bon de m'avoir débarrassé de cette lourde et maussade pierre, sans que j'aie le plus petit reproche à me faire.

Et, allégé de tout fardeau, les mains et les poches vides, mais le cœur joyeux, il reprit, tout courant, le chemin de la maison de sa mère.

FIN.

TABLE DES MATIÈRES

Lagny. — Imprimerie de A. Varigault.

www.ingramcontent.com/pod-product-compliance
Lightning Source LLC
Chambersburg PA
CBHW070659050426
42451CB00008B/434
* 9 7 8 2 0 1 2 1 8 0 9 2 5 *